经典 历史

中国历史上著名的
文学家

李默 / 主编

广东旅游出版社
GUANGDONG TRAVEL & TOURISM PRESS
悦读书·悦旅行·悦享人生

中国·广州

图书在版编目（CIP）数据

中国历史上著名的文学家 / 李默主编 . — 广州：
广东旅游出版社 , 2013.10（2024.11 重印）
ISBN 978-7-80766-662-2

Ⅰ . ①中… Ⅱ . ①李… Ⅲ . ①作家—生平事迹—中国
—通俗读物 Ⅳ . ① K825.6-49

中国版本图书馆 CIP 数据核字 (2013) 第 221334 号

出 版 人：刘志松
总 策 划：李 默
责任编辑：何 阳
装帧设计：盛世书香工作室 腾飞文化
责任校对：李瑞苑
责任技编：冼志良

中国历史上著名的文学家
ZHONG GUO LI SHI SHANG ZHU MING DE WEN XUE JIA

广东旅游出版社出版发行
（广东省广州市荔湾区沙面北街 71 号首、二层）
邮编：510130
电话：020-87347732（总编室）020-87348887（销售热线）
投稿邮箱：2026542779@qq.com
印刷：三河市嵩川印刷有限公司
　　　（河北省廊坊市三河市杨庄镇肖庄子村）
开本：650×920mm　16 开
字数：105 千字
印张：10
版次：2013 年 10 月第 1 版
印次：2024 年 11 月第 3 次印刷
定价：45.80 元

出版者识

《了解历史丛书》是一部全景式图文并茂记录中国文明历史的大书。出版者穷数年之力，会集各方力量——专家、学者、编辑、学术顾问们，在浩如烟海的历史档案、资料、著作中，探珍问宝，追寻中华文明在悠悠历史长河中的灿烂之光。此书的出版，凝聚了编撰者的心血，学术顾问们的智慧。尤其是李学勤先生，亲自动笔写下了序言，更增加了本书沉甸甸的分量。

中华文明的历史充满了辉煌与苦难，成就和挫折。它的历史无处不在，决定着我们中国人今天的思想和感情。当今的中国和中国人是中华文明的历史造就的，是中华文明的历史的延伸，也是它的一个组成部分，中华文明的历史之河奔流到现在。

中华文明是人类历史上最伟大的文明之一，是人类文明发展的主要构成。中华文明丰富、深刻、辉煌、博大，在人类文明中的骨干作用和领导作用人所共知。在人类文明的发源时期，中国就是四大古国之一，是地球上文化的策源地之一。在人类文明的早期，中华文明已成为文明在东方的支柱，公元前后200年间，人类的汉帝国与罗马帝国这两只铁手攫住了地球。在欧洲进入中世纪的时候，中华文明更成为了人类文明最主要的领导，它的文明统治东亚，传遍世界。进入近代，中华文明处于自身的重压和西方的欺凌下，但中国人民的斗争史和奋起精神是人类文明历史中不可缺少的一页。

五千年的中华文明为人类贡献出了从思想家孔子到科学技术的四大发明、从唐诗宋词到长城运河的伟大创造，贡献出了从诸子百家到宋明理学，从商周铜器到明清文学的深刻内涵，也贡献出了从五霸七强到三国纷争、从文景之治到十大武功的辉煌历史。中华文明的历史绚烂多彩，在人类文明的历史长河中永放光芒。

中华文明也是人类历史上最独特的文明，没有哪一个文明像中华文明这样持久，这样统一一致。世界上其他文明不但互相交错，其创造者也都与高加索人种有关，它们是姐妹文明。在人类历史中，只有中华文明才是独特的，它的创造者是中国土地上的中国人民，与其他任何地方的人民都没有关系，它的文化是统一一致的文化，可以不依赖于其他任何文明而生存，但中华文明也绝不是封闭的，它接受他人的文化，也承担自己对于人类的责任。

人类进入新世纪，中国的社会经济发展令世人瞩目。人们对于世界未来的政治和经济结构的估计无不以东亚和太平洋为中心，而尤以中国为重点。

经济起飞只是当代中国的一个方面，中国的精神文明的建设尤为刻不容缓。如果中国要自觉地发展中华文明，要有意识地使中国的发展具有世界意义，就必须发展强有力的精神文化，这样才能使中华文明的发展进入一个新的阶段，才能形成中国和中华文明的全面现代化。

而中国的精神文化的发展植根于中华文明的伟大传统之中。进入近代之后，在西方文化的冲击下，对于中国文化的价值产生大量的情绪化和激烈冲突的论调。"五四"运动"打倒孔家店"的口号具有冲破封建束缚的时代意义，对中国文化的发展有不容否认的正面意义，与文化虚无主义是完全不同的。文化虚无主义者否定中国传统文化，在现代化的旗帜下主张全盘西化；而复古主义则沉迷于中国文化的古董，走进反进步、反科学的泥潭。

历史的发展则超越了所有这些论点，产生这些论调的一百多年来的中国近代史已经结束。历史要求中国发展，要求中国走在全世界发展的前列。西化论和复古论都已过时，历史已经要求世界超越西方，中国可以承担起世界的命运，而中国的现实和世界的历史都说明，中国的使命在于它的发展前进，而非倒退。

中华文明走出迷惘的时代，我们这一代处在一个伟大而具有挑战的历史阶段。

总结历史、展望未来，这就是《了解历史丛书》的意义和使命。我们创作《了解历史丛书》，力求总结和回顾中华文明的全貌，在内容和形式上都开创一个新的局面。在内容结构上，既具有一定的深度，又具有相当的广博性，既有严谨、准确的学术价值，又有活泼、流畅的可读性。我们在本丛书内容纳了中华文明的各个方面，使它综合了大规模学术著作的系统性、严密性和普及读物的全面性、简易性，它既可作为大型工具书检索中华文明的各个成分，又可作为通俗的读物进行浏览。

我们从上世纪 90 年代初起就开始思考中华文明的历史和现实问题，并逐渐形成了编著《了解历史丛书》的设想。在开展这项庞大的文化工程之始，我们就聘请了国内权威学者李学勤、罗哲文、俞伟超、曾宪通、彭卿云诸先生担任学术顾问，他们对计划作了充分讨论，并审阅了大量初稿。我们聘请了广州、香港地区的社会科学学者、大学教师、研究生以及我社编辑人员几十人担任稿件的撰写工作。

通过创作这部书，我们深深地感受到了中华文明的博大精深，也感受到了它的内在缺陷。中华文明具有辉煌的时期，也有苦难的年代，有它灿烂的成就，也有其不足的方面。中华文明在自身中能够吸取充分的经验和教训，就能够使自身健康壮大，成长发展。

通过创作这部书，我们也深深感受到了出版事业的使命和重任。我们希望这部书能受到广大读者的喜爱，起到它所应当起的作用。为中华文明的反省、前进和奋起作一点贡献。

目　录

赵穿弑晋灵公·董狐书法不隐

晋灵公是暴虐之君。他向民众厚敛赋税，铺张地用税收来彩画墙壁。晋灵公从高台上用弹丸打人，看人们躲避弹丸，以此作乐。厨子烧煮熊掌不熟，被晋灵公杀死，放在畚箕里，让女人用头顶着走过朝廷。赵盾和士会看到，问知杀人的缘故，感到担心，准备进谏。士会对赵盾说："您若劝谏不成，就没有人接着劝谏了。不如我先去，您再接着劝谏。"士会进谏多次，晋灵公口是心非，并不改正。赵盾又屡次进谏，晋灵公很讨厌，派遣铁铟去刺杀赵盾。某日清晨，赵盾卧室之门已经打开，赵盾穿藏整齐，正打算入朝。因为时间还早，所以他正端坐闭目养神。铟见状，叹气道："不忘恭敬，真是百姓的主人。刺杀百姓的主人，就是不忠；放弃国君的命令，就是不信。两者必取其一，不如一死了之。"于是便撞在槐树上死去。

周匡王六年（前607年）九月，晋灵公请赵盾喝酒，埋伏下甲士，打算杀赵盾。赵盾的车右武士提弥明觉察后，快步登上殿堂说道："臣下侍奉国君饮酒，超过三杯，就不合礼仪了。"于是扶赵盾下殿。晋灵公嗾使恶狗猛扑赵盾，提弥明上前搏斗，将恶狗杀死。赵盾说："丢开人而利用狗，虽然凶猛，又有什么用！"边斗边退出去。晋灵公的卫兵灵辄受过赵盾的恩惠，见赵盾危急，便倒过戟来抵御晋灵公的其他禁卫兵，使赵盾免于祸乱。九月二十三日，赵盾的弟弟赵穿在桃园杀死晋灵公。此时，赵盾正欲逃往别国，尚未走出国境，听到晋灵公的死讯，便回国都重登卿位。

赵盾复位，派赵穿迎晋襄公之弟黑臀于周而立之，是为成公。晋太史董狐将此事记录下来，写上："赵盾弑其君。"赵盾对董狐说："弑君是赵穿，我无罪。"董狐却说："你身为正卿，亡不越境，反不讨贼，不是你是谁呢？"孔子知道此事后，赞董狐为"古之良史也，书法不隐"，又称赵盾为"古之良大夫也，为法受恶"。董狐对我国史学秉公直书的传统影响颇大。

晋成公元年，晋成公赐赵氏为公族。自此以后，晋国的政权逐渐下移，由卿大夫专国政。

老子著书出关·《道德经》代表中国纯粹哲学

据传春秋战国之际，我国古代著名哲学家、道家学派创始人老子著写《老子》，阐述他的哲学思想。

老子，姓李名耳，字聃，楚国苦县（今河南鹿邑）厉乡曲仁里人，曾任东周王朝守藏史，掌管图书典籍。相传孔子曾向他问过"礼"，他则给孔子讲述许多深奥的道理。他一生修行道德，晚年才"著书言道德之意"。是为《老子》，又名《道德经》，全书分上下篇，共81章，计5000余言。在《道德经》一书中，老子以"道"为核心，创立了他的哲学体系，包括世界本原说、朴

老子授经图。春秋时期的思想家老子，后来被道教徒神化，奉为教主，在中华大地的多元神系中，占有重要的一席。本图绘出了老子在松树下坐在榻上授经的场面。仙风道骨的老子，颇具"天尊"的气度。

老子骑牛图，北宋晁补之绘。道家创始人老子倡导的恬淡虚无、清净无为、抱朴归真的人生观倍受后人推崇，成为后世养生学的基本准则。

素辩证法及认识论等等。

"道"是老子哲学体系的核心，他认为"道"先于世界万物存在并且是产生世界万物的神秘本原，"有物混成，先天地生。"、"吾不知其名，字之曰'道'"，就是说在天地形成之前就有一个浑然一体的东西存在。在老子看来，"道"是一个神秘的、不可感知的精神性实体，并且由"道"可生出万物世界。"道生一，一生二，二生万物"（《老子》第四十二章），可以说由"道"化生出元气，由元气产生阴阳二气，再由阴阳二气和合而产生天地万物，老子以"道"为万物本原的学说，结束了传统的上帝鬼神的传统，提高了哲学思辩的高度。

以"道"为基础，老子又提出他的朴素辩证法思想，他认为无论自然界还是人类社会，无时无刻不在运动变化之中，并在这运动变化之中概括出一系列相互矛盾的范畴，如有无、福祸、美恶等。并指出每一矛盾范畴的两个对立面是相互依存和相互转化的，"天下皆知美之为美，斯恶已。"就是说，当天下人都知道美之所以为美的时候，也就知道了丑的含义了。在承认矛盾双方互为存在条件的前提下，老子还认为对立面双方并非一成不变的，而是无不向其反方面转化，提出"反者道之动"的朴素辩法思想，作为事物矛盾转化的普遍法则。"祸兮，福之所倚；福兮，祸之所伏"。

在认识论方面，老子否认人的知识来自于感觉经验，他认为体认"道"，完全不需感性认识，只需要"虚静"、"玄鉴"的认识方法，即可达到"闻道"的目的。"虚静"、"玄鉴"即要求人们内心虚静，不持任何成见，也不受任何外界干扰，以达到心灵虚静的状态。以这为基础，他反对启迪民众智力，要人们"绝圣弃智"、"绝学无忧"，公开主张实行愚民政策，以维护统治阶级的统治。

老子除了将"道"作为世界万物的本原外，还将之作为是万物的归宿。万物从"道"而生，最后又复归于"道"，"夫物芸芸，各复归其根。归根曰静，是谓复命。"这一思想反映到社会历史观方面，老子认为人类应重返纯朴的自然状态，从而形成了他所谓"小国寡民"的乌托邦思想。

老子的哲学思想，到后来基本上发展为两个方向。一是庄子将老子的世界观发展成为虚无主义；另一就是将"道"解释为规律，以"道"为礼、法的思想依据，形成了法家学派。此外，老子的思想对后来道教哲学也有很大的影响，被奉为道教"教主"。

老子的本体论是体系的，而且惊人地清晰。它把道确定为世界的本体，它是无差异的、不可以以人的感觉和知性把握的先天存在，它生成万物，生成的方式是差异化和递归，物之所以存在是因为它被生成，其所以生成的过程和方式就是德。老子花了大量篇幅谈道的无限、无差异和非知识，并谈及它与世界的生成关系（这关系引起了混乱，似乎它才是道，是生成，而本体是"自然"，道法自然，老子的"道"在这里不是很清楚）。

老子的哲学是完整体系，道无结构无组合，它以差异、递归、德育产生出万物。道是真正的纯粹（而非实践、社会）哲学，他的行为哲学也完全从关于道（理）的理论中引出，因而他是中国真正唯理主义的先驱与代表。

老子的认识论、社会哲学和行为哲学由此派生，并偏激地向尤差异、无为的道回归而放弃另一方，这完全起源于他本人对他的时代的认识和个人道德倾向，对后世产生了很大的、一般说来是消极的影响。

庄子作《逍遥游》

战国中晚期，宋国著名哲学家庄子写成以《逍遥游》为主的一系列哲学著作，构成道家的重要理论，也成为道教的主要经典，对中国哲学、美学、文学和中国文化产生了深远的影响。

庄子（前369年—前286年）名周，宋国蒙（今河南商丘）人，他出身穷苦，靠打草鞋为生，一度在蒙做过漆园小吏，以后便终身不仕。庄子生性孤傲，曾拒绝楚威王的厚币相聘，一生过着贫困的隐居生活。

老庄像。春秋、战国时期"诸子百家"中的道家，以老子和庄子为代表，合称"老庄"。清任熊绘的老庄像，表现的就是"庄生游逍遥，老子守元默"的情形。

庄子学识渊博，才华横溢，常以寓言的形式表达哲学思想。他吸收老子《道德经》的思想，并进一步发挥，形成自己的思想体系。在先秦百家争鸣的学术氛围中，庄子哲学占有重要的地位，他因此与老子并称道家宗师。《逍遥游》充分体现了庄子哲学的内在禀赋和独特气质。而《逍遥游》的超然姿态又与万物齐一的观念以及忘却自我、与道合一的精神修炼紧密相关。所以《逍遥游》、《齐物论》与《大宗师》三篇自成一体，构成庄子哲学的基本架构。《齐物论》以相对主义的认识方式齐是非、齐彼此、齐物我；《逍遥游》主张各任自性的生存方式；《大宗师》以论道和修道为主要内容，说明达到逍遥游的修炼方法。

《逍遥游》是庄子哲学思想的中心，《逍遥游》一文以鲲鹏和蜩鸠为例，说明凡物各有自然之性，只要顺应自性，任性而生，就可以逍遥自在，恬然自得。鲲鹏不必因为自己大而傲视蜩鸠，蜩鸠也不必因为自己小而羡慕鲲鹏，两者虽有大、小之差，但都可任性逍遥。这个寓言阐释了求道应该从自性中寻找，道既是无形无相、自本自根、先天地生的绝对本体，同时道又普遍存在于万物中，万物顺应自性存在，各有其本性，各有其生存方式，所以物与物之间又存在高低、贵贱的分别，从道的角度审视，万物齐一。逍遥游的生存方式与齐物论的哲学观点在这里统一起来。

不过，鲲鹏和蜩鸠这些动物虽然能任性逍遥，但还要依赖外界条件，只能达到有待的逍遥，这不是逍遥游的最高境界。庄子所追求的是绝对无待的精神自由——乘天地之浩气遨游无限宇宙。庄子肯定人通过自身修炼可以达

到自由无待的境界，而且指出通过这种境界的修持方法，叫"心斋"或"坐忘"。意思是说，心、神专一，超越具体思维活动，保持身心虚寂进而忘却自身的存在与道合一，这时人的心神就可以不受外界条件限制，自由自在地遨游于道、我合一的无穷境域。

庄子描写的逍遥游，在许多人看来只是一种虚幻的仙境。事实上，庄子的"心斋"或"坐忘"不能理解为认识方法，由"心斋"或"坐忘"所达到的境界是一种审美体验，它丰富了中国美学。庄子的逍遥游开出的审美境界影响了中国艺术的发展，逍遥游体现的那种逍遥无待的道家风范为历代文人学者喜爱，成为中国艺术精神的一大特色。汪洋恣肆的文风使《逍遥游》成为中国文学史上的佳作，影响深远。

庄子及其后学的著作集成《庄子》，对后世形成多方面的影响。在宗教方面，它成为道教的一部经典，唐天宝元年诏号《庄子》为《南华真经》。哲学方面，《庄子》与《周易》、《老子》在魏晋时期并称"三玄"。玄学代表人物向秀、郭象发挥《庄子》的思想，作《庄子注》。在文学史上《庄子》也占有重要地位。此外，历代思想家都借注释《庄子》发挥自己的思想。

老庄并称为道家宗师，但其实他们不同的地方远多于相同的地方。庄子的本体论是其艺术哲学的一个模式翻版。

庄子以音乐和乐人作为他的主要思想（甚至孔子、颜渊在他的书中也如此），他的"虚静恬淡"的仙人之乡是一种旋律虚化所构成的世界（与理念世界迥然不同），是与言不同的意，而达到它的方式就是游，是主体的一种超越活动。心斋是忘我，是对主体客体同时超越，进入一个"道"和"和"的世界。

与这个世界相似的是老子的道，因而庄子才成为道家（但其实二者是不同的，道更多的具有唯理性质，它的能生性更有逻辑意义），他把老子的道作为一个对象，但赋予道的是驱驰、变动，也就是游的性质，这就与老子拉开了距离。

庄子大量使用比喻手段（河水、大鹏、仙人、梦蝶），这是他的气质，用来表现游的特质（因而他并没有对它本身作有意义的独立刻画），他达到这个境界与他的艺术气质有关，因而后代人无论如何模仿都达不到他的水平，因为他的关键不在所达到的世界而在于达到这个世界的方法，这才是庄子的魅力所在。

秦取郢都·屈原投江

秦一直觊觎着楚国的领土。早在周赧王十六年（前299年），秦攻占八城，迫使楚割地结盟。周赧王三十六年（前279年），秦将白起率军攻打楚国别都鄢（今湖北宜城东南），楚力拒秦军。白起引江水灌城，溺死楚军民数十万人，致使防守鄢的主力溃败，遂夺取楚城鄢、邓（今湖北襄樊北）和西陵（今湖北宜昌西北），并将秦国的罪犯迁居到这三个地方。秦将白起乘胜进击，于次年彻底击败楚国：西烧夷陵（陵名，后为县，今湖北宜昌东南）、东攻至竟陵（今湖北潜江西北）、南攻至洞庭湖一带，并取下楚都郢（今湖北江陵西北），迫使楚迁都到陈（今河南淮阳）。秦在郢置南郡，封白起为武安君。

《屈原图轴》。明人朱约信的《屈原图轴》，描绘了屈原被谗谄流放后行吟山水间的情景。

作为志向高远、精通治国策略的诗人，屈原的命运是与楚国共存亡的。周赧王十六年（前299年），秦国攻占楚国八城之后，秦昭王遣书约请楚怀王到秦国武关（今陕西商南东南）相会，两国结盟交好。左徒屈原认为秦是虎狼之国，不可信任，劝楚怀王不要前去。但楚怀

九歌图卷局部

九歌图卷局部

王的幼子子兰主张楚怀王赴会。楚怀王到秦后，被扣留并挟迫楚国割让土地，楚怀王最后死于秦。楚顷襄王即位后，任用其弟子兰为令尹。楚人认为楚怀王客死于秦，子兰有责，都责备子兰，屈原也不满子兰。子兰闻知后，让上官大夫到楚顷襄王前进谗言，楚顷襄王便将屈原放逐到江南地区，永远不许他返回郢都（今湖北江陵西北）。屈原被放逐后，爱国之心始终不渝，光明峻洁的人格丝毫未变。周赧王三十七年（前278年），秦国再次攻楚，占领郢都，楚顷襄王被迫迁都于陈（今河南淮阳）。消息传来，屈原重返郢都的希望彻底破灭，于是作诗篇《怀沙》，再次抒发忠贞爱国的情怀和"受命不迁"的崇高志节，倾诉了郁积于心头的苦闷，然后投汨罗江而死，以殉其志。后来，人们为感念屈原的爱国热情和高贵品格，将他与端午节联系起来，每逢农历五月初五日端午节，民间都要赛龙舟、吃粽子，赛龙舟是为了救起自沉于汨罗江的屈原，往河里丢粽子是为了让鱼吞食以保存屈原的躯体。

龙舟夺标图。端午节民间有吃粽子、赛龙舟的习俗，并将之与战国时楚国的忠臣屈原联系起来：划龙舟是为了救起自沉于汨罗江的屈原，往河中丢放粽子是为了让鱼吞食，以保存屈原的躯体。

屈原历经磨

难，所创作的诗歌极具象征意义，优美的语言和丰富的意象中充溢着对人生的深刻体验与感悟，他的《离骚》、《天问》、《招魂》、《哀郢》等都是中国文学中难得的精品。

贾谊作《吊屈原赋》

贾谊（前200年—前168年），洛阳人，西汉初期杰出的政治家和文学家。"年十八，以能诵诗书属文称于郡中"；二十余，为博士，提出改革制度的主张，表现了卓越的政治才能，得到文帝赏识。但却因此受到守旧派的诋毁，被贬为长沙王太傅。在贬谪中，他仍不忘国事。后为梁怀王太傅，死时年仅33岁。所著文章58篇，刘向编为《新书》。

贾谊是汉初著名的辞赋家，作品有《吊屈原赋》、《鹏鸟赋》，显示了从楚辞向汉赋过渡的痕迹。

赋本是诵的意思，《汉书·艺文志》说："不歌而诵谓之赋。"荀卿《赋》篇第一次以"赋"名篇，汉人沿袭其义，凡辞赋都称为"赋"。汉初骚体的楚辞逐渐变化，新的赋体正在孕育形成，故贾谊的赋兼有屈原、荀卿二家体制。

《吊屈原赋》是贾谊谪往长沙时所作。它借凭吊古人来抒发自己的感慨。赋中感叹道："彼寻常之污渎兮，岂容吞舟之鱼？横江湖之鳣鲸兮，固将制于蝼蚁。"作者深谋远虑，高瞻远瞩，具有卓越的政治才能，却遭到保守官僚的排挤，政治抱负无法施展，遂以其抑郁不平之气倾注在赋中，虽痛逝者，实以自悼。刘勰评之为"辞清而理哀"。由于贾谊在此赋中引屈原为同调，而《史记》的作者司马迁又对屈、贾都寄予同情，为二人写合传，因而后人往往将贾、屈并列，称为"屈贾"。

《鹏鸟赋》是谪居长沙时所作。它采用主客问答的方式，抒写自己怀才不遇的愤懑情绪，同时也流露出齐生死、等祸福的消极思想。

贾谊的赋在形式上趋向散体化，同时又大量使用四字句，句法比较整齐，显示出从骚体赋过渡到汉赋的端倪。

作为文学家，贾谊最著名的还是他的政论散文，他的《过秦》、《大政》及《陈政事疏》等名篇世代相传，荫泽后人，对唐宋古文的写作有相当的影响。

卓文君夜奔司马相如

汉景帝中六年（前144年），卓文君深夜投奔司马相如，演成千古佳话。

司马相如（约前178年—前117年），汉代著名辞赋家。字长卿，蜀都成都（今属四川）人。年轻时热爱读书，学习击剑，景帝初为武骑常侍，不得志。当时梁孝王刘武入朝，随行的人多喜爱文学之士，相如很喜欢和他们在一起，于是辞职到梁国游学，成为梁孝王门客。他在梁国生活时撰写《子虚赋》，竭力铺陈诸侯王宫苑的豪华壮美及游猎时的声势，构思宏伟，词藻华丽，成为西汉大赋的代表作。景帝中六年（前144年）四月，梁孝王刘武去世，司马相如失去依靠，便返回蜀地投老朋友临邛（今四川邛崃）地方官王吉，王吉以上宾之礼接待他。临邛富翁卓王孙以铸冶发家，见司马相如为县令贵客，于是设宴相邀。卓王孙有女儿文君，擅长演奏鼓琴，丈夫死后回娘家居住。司马相如一见钟情，以"琴心"挑动卓文君，又买通文君侍女以通讯息。文君于是深夜投奔相如，一同奔往成都。不久因家境贫寒无以为生，又一同返回临邛，开设酒店卖酒维持生计。卓王孙深以为耻，不得已送给

文君当垆卖酒图

他们家中佣人百人、金钱百万及出嫁时的衣服被褥杂物等。司马相如、卓文君于是能够在成都置办田地和房屋，成为有钱人。此后武帝爱惜相如才华，召他从事作赋之事，并任命他为郎，后又任命他为中郎将。

毛公传毛诗学

《诗经》是中国最早的一部诗歌总集，汉代更被列为儒家经典。汉代传诗风气盛行，有齐、鲁、韩、毛四家，其中毛亨（大毛公）所传诗学称毛诗学，重要著作有《毛诗诂训传》30卷。

毛亨（大毛公）为秦汉间人，生卒不详。一说西汉鲁人，一说河间人。相传其诗学传自荀卿，西汉初期开门授徒，所著《诗诂训传》传之赵人毛苌（小毛公），是"毛诗学"的开创者。毛诗学典籍《毛诗诂训传》全书以解释字义为主，章句训诂，大抵采用先秦学者的意见，取自先秦群籍。如释《既醉》、《昊天有成命》等篇，取自《国语》；释《葛覃》、《草中》等篇，义见《礼记》；释《行露》篇言"淄帛五两"，取自《周礼》。还有不少说法取自《论语》、《孟子》等书。《毛诗诂训传》在训诂体例方面，或统释全篇于首章，或统释全篇于末章，或明假借，或释虚词，或以今语通古语，或以今义通古义，特别注重诗"经夫妇，成孝敬，厚人伦，美教化，移风俗"的社会作用。而且在"赋、比、兴"三体中，独标"兴"体，通过对诗歌语言的阐述，帮助读者领会诗义。《毛诗诂训传》在论述诗言志的特点时，还分析了《诗

讲经书像砖

经》的《风》、《雅》、《颂》三体的性质，并把《周礼》所称的"六诗"——风、雅、颂、赋、比、兴改称"六义"。毛诗学是汉初传诗四家中唯一属古文经学的，东汉后受政府重视，章帝时更立于官学。东汉末年，郑玄作《毛诗传笺》，在《毛诗诂训传》的基础上作了进一步的阐发、补充和订正，使毛诗学更为流行，其余三家诗则日渐衰微。唐代孔颖达作《毛诗正义》，在《郑笺》和《毛传》的基础上，汇集了汉魏、两晋南北朝研究诗的成果，进一步提高了毛诗学的地位。清代陈奂作《诗毛氏传疏》，疏解就更为完备了。毛诗学以《毛传》、《郑笺》及《正义》为代表。《毛诗诂训传》对器物和典章制度的诠释，因为言必有师承，所以为历代古文派学者所尊奉；而它重"诗教"的宗旨，又与儒家所提倡的温柔敦厚的思想一致，所以《毛传》又成为儒家的典籍。《毛诗正义》更属唐初官修的《五经正义》之一，从唐代至宋初，明经取士，都以此本为准，毛诗学解诗，因为从封建伦理道德出发，常常牵附史事，以史证诗，往往歪曲诗篇的主旨。这是毛诗学的缺陷。

枚乘作《七发》

　　枚乘（？—前 140 年）字叔，淮阴（今江苏清江市西南）人，著名西汉辞赋家。文帝时为吴王刘濞郎中。吴王谋反，枚乘两次上书谏阻。吴王兵败身死，枚乘也因此知名。"七国之乱"平定，景帝拜其为弘农都尉。后辞官游梁，为梁孝王门客。梁王死，枚乘回到淮阴故里。武帝即位，慕其文名，派"安车蒲轮"接他入京，因年老死于途中。

　　据《汉书·艺文志》载，枚乘有赋 9 篇，《七发》为其代表作。《七发》是一篇讽谕性作品。赋中假设楚太子有疾，吴客前往探望，互相问答，构成七大段文字。首段吴客认为楚太子的病起因于贪欲无度，享乐无时，不是用药石针灸可治的，只能"以要言妙说而去也"。接着吴客铺陈了音乐、饮食、

西汉狩猎画像砖

车马、宫苑、田猎、观涛等事，由静而动，由近及远，一步步诱导太子改变生活方式；最后吴客向太子引见"方术之士"，"论天下之精微，理万物之是非"，太子"涣然若一听圣人辩士之言，涩然汗出，霍然病愈"。作品的主旨是劝诫贵族子弟不要过分沉溺于安逸享乐，纵欲伤身，对贵族的腐朽生活提出了讽刺和劝戒。

《七发》用铺张、夸饰的手法来穷形尽相地描写事物，语汇丰富，词藻华美，结构宏阔，富于气势。刘勰在《文心雕龙》评说道："枚乘摛艳，首制《七发》，腴辞云构，夸丽风骇。"如观涛一段，用了许多生动形象的比喻来描绘江涛汹涌的情状。"其始起也，洪淋淋焉，若白鹭之下翔；其少进也，浩浩澄澄，如素车白马帷盖之张；其波涌而云乱，扰扰焉如三军之腾装；其旁作而奔起也，飘飘焉如轻车之勒兵。"奇观满目，声音盈耳，令人精神震荡，如身临其境。另赋中用夸张、渲染的手法表现音乐的动听，用音节铿锵的语句写威武雄壮的校猎场面，也颇为出色。在结构上，它分七大段，一事一段，移步换形，层层逼进，有中心，有层次，有变化，不像后来大赋那样流于平直呆板。

枚乘《七发》的出现，标志着汉代散体大赋的正式形成，在赋的发展史上竖起了一座里程碑。后来许多作者模仿《七发》的形式写作，在赋中形成了一种定型的主客问答的文体，号称"七林"。例如傅毅的《七激》、张衡的《七辩》、曹植的《七启》等等。

枚乘的散文今存《谏吴王书》及《重谏吴王书》两篇，都是为谏阻吴王谋反而作。枚乘散文善用比喻，多用排句和韵语，有明显的辞赋特点。

司马相如病逝

　　元狩五年（前118年），西汉辞赋家司马相如病逝，走完他的人生历程。司马相如生于蜀郡成都。他是汉代最富于天才的辞赋大家。其赋以宏大的结构、华丽的词语、铺张排比的艺术手法，反映了汉帝国处于上升时期的新兴景象。相如曾作赋29篇，其中以《子虚赋》、《大人赋》、《哀秦二世赋》、《长门赋》等为最有名。其《子虚赋》，历陈山川形胜及物产等，几若"地理志"，这成为后世赋的模式之一。司马相如之赋词藻靡丽，冠绝当时，继楚辞之后，又引导了一朝文学主流。他与卓文君的爱情故事还广泛流传民间。司马相如病逝，汉赋发展因之减色。传世《司马文园集》，常为后世文人学上研读。

司马迁著成《史记》

　　西汉武帝太初元年（前104年），司马迁参与制定的《太初历》颁行，他认为这是历史的一个新纪元，开始撰写《史记》，经10余年的艰苦努力，我国第一部纪传体通史《史记》最终成书。成为中国史学的奠基著作。

　　《史记》是我国纪传体通史的开山之作，原称《太史公书》，东汉以后才称今名，也称《太史公记》，《太史记》。共130篇，包括12本纪，10表，8书，30世家，70列传，共526500字，记载自黄帝至汉武帝时期共约3000年的史事。

　　司马迁（前145年或前135年—？），字子长，西汉左冯翊夏阳（今陕西

《史记》。中国第一部纪传体史书，司马迁著。原名《太史公书》，东汉以来称《史记》。全书130篇，分为纪、表、书、世家、列传五部分，记述了从上古传说到西汉三千年的历史。

韩城南）人。少年时随父司马谈读书，并受教于董仲舒、孔安国。后为郎中、太史令、中书令等。其父司马谈于汉武帝建元、元封年间为太史令，掌管文史星历，管理皇家图书，曾有志编写古今通史，但未能如愿，辞世前嘱咐司马迁承其遗志。元封三年（前108），司马迁继任父职为太史令，得以阅读皇家所藏典籍，搜集史料。太初元年（前104年），在参加制定"太初历"后，开始撰写《史记》。天汉三年（前98年）因李陵案牵连入狱，受腐刑。太始元年（前96年）获释，任中书令。受刑之后，忍辱发愤，艰苦撰述。根据《尚书》、《春秋》、《左传》、《国语》、《世本》、《战国策》等史书，诸子百家的著作，官府所藏的典籍档案，以及亲身考察访问得来的资料，经十余年努力，终于写成"究天人之际，通古今之变，成一家之言"的《史记》。

《史记》记事始于传说中的黄帝，终于汉武帝，历时三千余年。所记史事包括政治、军事、经济、文化、民族诸方面的事迹，而尤详于战国、秦、汉。"本纪"12篇是全书纲领，记载历代帝王世系与国家大事。其中先秦诸篇按朝代成篇，秦汉诸纪则按帝王成篇。"表"十篇记载帝王、诸侯、贵族、将相大臣的世系、爵位与政治事迹。其中又分世表、年表、月表。"书"八篇叙述各种制度沿革，内容涉及天文、历法、礼、乐、封禅、水利、经济等。"世家"30篇主要记述西周、春秋、战国时期诸侯国的世系及历史，汉朝丞相、功臣、宗室、外戚的事迹，还记述了在历史上有特殊文化地位的孔子和有特殊政治地位的陈涉的事迹。"列传"70篇在全书中所占篇幅最多，主要记述社会各阶层代表人物的事迹。此外，少数篇章还记述了中国各少数民族以及与中国互相往来的一些国家和地区的历史。最后一篇《太史公自序》，叙述作者

的家世和事迹，并说明撰著本书的经过、意旨及作者的史学见解。

司马迁撰写的《史记》，贯穿了其比较明确的历史思想，比较客观地把握了天人关系和古今通变关系，"究天人之际，通古今之变，成一家之言"正是这一历史哲学思想的精辟概括，在天人关

2000 多年前，我国出现了一部对后世史学、文学都具有深远影响的伟大著作——《史记》，它的作者就是西汉著名的史学家、文学家和思想家司马迁。图为司马迁祠。

系上强调天道和人事不相关连，与董仲舒宣扬的天人感应针锋相对。在此基础上，他深刻揭露和批判了当时盛行的封禅祭祀，祈求神仙活动的虚妄。同时刻意写出一些在历史发展中起到重要作用的人物和事件，这是中国史学史上，第一次把人的活动提高到如此重要的高度。对于历史演进过程，他的思想也比较完整，在正确评估历史之后，司马迁充分肯定了历史是不断发展进化的这一结论，甚至认为在极盛之时就已呈现出衰落的迹象，并从教化，礼义与物质财富关系的角度，提出"物盛而衰，固其变也"的命题。包含了他朴素的发展观和辩证观。标志着我国古代历史理论发展的新阶段。

在中国史学发展史上，《史记》是第一部规模浩大、体制完备的中国通史，由它所创的纪传体例，为历代著史者遵循取法，竞相仿效。后世史家以《史记》"善序事理，辨而不华，质而不俚，其文直，其事核，不虚美，不隐恶，故谓之实录。"而奉之为封建时代历史著作的典范。《史记》的大部分文字优美精炼，对部分历史人物的叙述，语言生动，形象鲜明，在中国文学史上也占有重要地位。

《史记》是战国历史的绝对化，一方面，他的史传形式（中国史传历史书的起源）将情节性所史作块状处理（比较一下古典主义音乐对旋律的同样处

理）、并在结构、叙事和语言上达成古典主义的标准。另一方面，他对于人物性格处理达到了高峰，性格过程（而不是历史）是《史记》的中心。实际上，在司马迁这里，历史绝对不是希腊式历史（事件为中心），而是性格历史。把希腊雕塑和建筑的古典主义文学化，其结构和内容就是《史记》。

《盐铁论》编成

汉宣帝初年，桓宽把昭帝始元六年（前81年）盐铁会议所留下的会议记录，整理编排写成《盐铁论》。

桓宽，字次君，汝南人，也就是今河南上蔡西南人，研究过《公羊春秋》，博古通今，而且擅长文字功夫。宣帝时曾任官职为庐江太守丞。

《盐铁论》。反映当时社会状况、经济思想等的珍贵资料。

西汉铁官作坊产品标志

在昭帝始元六年（前81年）召开盐铁会议时，与会大臣因意见不同而分为两派，以贤良文学唐生、万生为一方，以御史大夫桑弘羊为另一方，双方围绕是否应该实行盐、铁、酒官卖政策问题而展开激烈辩论。贤良文学认为，用严厉的政策不如用德政感化，争夺盐铁官卖的利处不如劝导人民专心农业生产，桑弘羊则持相反意见。这次会议留下了会议记录，到了汉宣帝初年的时候，桓宽就根据所留下的会议记录，进行整理、编集，成书《盐铁论》。此书一共分成六十篇，每篇都有标题，其中前五十九篇是用来客观介绍辩论双方的意见，最后一篇《杂论》就用来说明桓宽自己编书的起缘和对这场辩论的看法。

全书前后联成一气，采用对话的形式，以生动的语言真实反映了当时会上对立双方的辩论情形，全面系统地阐述了儒家的经济思想，忠实完整地保留了桑弘羊的思想和言论，成为研究中国古代经济思想史尤其是西汉经济思想史的一部重要著作。

《急就篇》编成

汉元帝时，宦官黄门令史游写成《急就篇》，又名《急就章》。该书收录常用字，依人名、地名、器物杂用等分类编排。大抵每七字一句（有少数三字句），押韵合辙，便于诵读记忆。该书原抄写于三角觚（古代用来写字的木简）上，每面一句，取首句"急就奇觚与众异"首二字为名。全书篇幅不多，字句整齐，实用易学，是汉时流传颇广的训蒙课本，用于学童识字。

急就篇

扬雄作《反离骚》

扬雄（前53年—公元18年）字子云，蜀郡成都（即今四川成都）人，西汉著名辞赋家，汉成帝初年作《反离骚》。

扬雄年青时好学苦读，精通经书训诂之学，博览诸子百家之书，擅长写作辞赋，经常模仿同乡前辈司马相如的作品。他有感于屈原辞赋胜过司马相如却不能为世人所接受。每次读《离骚》，没有不流泪的。于是他认为：人能否在现实中实现自己的志愿理想，完全依靠命运的安排，没有必要象屈原那样不得志就投水自尽。因此他仿照骚体作《反离骚》，把它从岷山投入江流，以凭吊屈原。《反离骚》同情屈原的遭遇，但又从老庄思想出发指责屈原"弃由、聃之所珍兮，蹠彭咸之所遗"，流露出一种明哲保身的思想，影响对屈原的正确评价。后来，扬雄还仿屈原文风作《广骚》，又协《惜诵》、《怀沙》作《畔牢愁》。

扬雄作《甘泉》、《羽猎》、《长杨》赋

成帝永始三年（前14年），西汉著名辞赋家扬雄因文似司马相如而被推荐入朝。成帝命他待诏未央宫承明殿。永始四年（前13年）正月，成帝去甘泉泰田寺举行郊祀，扬雄随行。回来后扬雄奏献《甘泉赋》，极力铺张形容甘泉宫室的宏伟，皇帝仪仗的壮观，祠祭仪式的隆重，并寓含讽谏成帝之意。同年十二月，成帝与群臣去上林苑游猎，又遍游宫观作乐，扬雄同行，回来后作《羽猎赋》，奏献成帝。元延三年（前10年），成帝为了向胡人夸耀中原禽兽之多，命令右扶风派遣百姓进南山，广捕各种野兽，运送长杨宫射熊馆，让胡人与野兽徒手搏斗，将之擒获。成帝亲临观看，扬雄跟从。尔后扬雄撰《长杨赋》记述这件事，赋中假托翰林主人与客卿子墨的互相辩论，强调虽然擒得我禽兽，而我也已经因此征服其王侯，大扬汉威。在行文之中，他对成帝此举也提出了委婉的批评。这几首赋为扬雄的代表作，均构思壮阔，用词华丽，行文流畅，有气魄，有司马相如之风，故后世以"扬马"并称。

《太玄经》成书

元寿元年（前2年），汉黄门侍郎扬雄模仿《周易》和《易传》撰成《太玄经》。《太玄经》是一部哲学著作，其哲学体系建立在以"玄"为核心的思想基础之上。"玄"就是玄奥，取老子"玄之又玄"之意，但它究竟是精神的，还是物质的，作者却没有说明，因而引起哲学史上的长期纷争。但其中包含着辩证法因素却是确信无疑的。《太玄经》内容主要来源于《周易》和《老子》，又夹杂了阴阳五行学说，论述了天地万物的形成和转化，对于祸福、动静、寒暑、因革等对立统一关系及其相互转化加以阐述，认为事物都是按一至九的九个阶段发展的，《太玄经》力求通过其赞诗描绘事物由萌芽、发展、旺盛，至衰弱以至消亡演变的全过程，从而批判了当时的宗教迷信和谶纬思想。扬雄盛衰、因革相互推移的辩证思想又成为他政治革新的思想基础。《太玄经》用三分法，在空间上，分为3方、9州、27部、8I家、243表、729赞，在时间上，综合方、州、部、家、叠为81首，相当于《周易》的64卦，它每首9赞，共计729赞，相当于《周易》的384爻，赞辞相当于爻辞，另仿《周易》十翼作《玄冲》、《玄离》等10篇补充说明。书中运用阴阳、五行思想和当时的历法成就，以占卜的形式，描绘了一个世界图式，反映了汉代象数学的某些新成就。

扬雄作《剧秦美新》

新莽始建国元年（9 年），扬雄为中散大夫，效命王莽新政权。为了得到王莽赏识，实现自己的政治理想，他校仿司马相如的《封禅文》作《剧秦美新》一篇，奏献三莽。文中批划秦朝的种种接政，极力赞颂王莽建立的新朝顺应天命，祥瑞屡见，又仁德普施。文教昌明。文章旨在为王莽政权的合法性制造舆论。

新莽天凤元年（14）的量器湿仓平斛

卫宏传《诗序》

《诗序》为《诗经》的研究著作。关于此书作者，历来众说纷纭，后比较推重为卫宏所作。因为《后汉书·儒林列传》明言"（卫）宏从（谢）曼卿受学，因作《毛诗序》，善得风雅之旨，于今传于世。"卫宏为东汉初人，具体生卒年月及个人概况不详。

《诗序》中提出了"六义"、"正变"、"美刺"等说。"六义"之说承《周礼》的"六诗"而来，其中的"风"、"雅"、"颂"一般被认为是诗的类型，

东汉大吉买山地记。为研究东汉时期社会经济形态、土地价值和社会习俗的重要资料，也是书法艺术中的珍品。

"赋"、"比"、"兴"被认为是诗的表现方法。"六义"的提出，把《诗经》的学习和研究推进了一步。

虽《诗序》对《诗经》305篇作了不少牵强附会的解释，致使许多诗篇的本义被掩没，但它毕竟是先秦至汉代儒家诗说的总结。

梁鸿作《五噫歌》

梁鸿，字伯鸾，东汉诗人，扶风平陵（今陕西咸阳市）人。东汉初曾受业太学，博览群书。学毕，于上林苑牧猪。后归平陵，娶孟氏为妻，有德无容，为她取名孟光，字德曜。后同入霸陵山中隐居，以耕织为业。汉章帝时，梁鸿因事过京都洛阳，见宫殿富丽豪华，因作《五噫歌》："陟彼北芒兮，噫！顾览帝京兮，噫！宫室崔嵬兮，噫！人之劬劳兮，噫！辽辽未央兮，噫！"诗五句，每句末用一"噫"字感叹，为楚歌变体。讽刺章帝的奢华，感叹人民无休止的劳苦，表现出对国家和人民深切关怀和忧伤。诗歌触怒了章帝，章帝下诏搜捕。梁鸿只好改姓运期，名耀，字候光，南逃至吴，作雇工为生。主家因见孟光进食"举案齐眉"，认为妻子对丈夫如此敬重，定非凡俗之人，乃以礼待之。梁鸿于是闭门著书，隐居而终。梁鸿的诗富有现实性，反映东汉前期部分下层人士的不满情绪和反抗精神。

袁康撰《越绝书》

东汉建武之末，会稽（今浙江绍兴）人袁康撰成《越绝书》，共 25 卷。所记内容为春秋末吴越两国争战的故事。书中对伍子胥、文种、范蠡、子贡等人的事迹记载颇为详细。多采用传闻异说，与其他史书所载颇多不同。

《越绝书》开创了地方志的编写先例，在中国古代史学史上占有一定地位。

班固作《两都赋》

班固是东汉伟大的史学家，以著《汉书》与司马迁著《史记》齐名。同时他又是东汉前期最著名的辞赋家，今存《班兰台集》有赋 13 篇。

班固对辞赋有自己的见解。在《汉书》和《两都赋序》中，他指出辞赋源于古诗，要求辞赋应有《诗》的讽谏作用；同时他肯定了汉赋"宣上德而尽忠孝"，为统治者歌功颂德的一面。他的辞赋创作体现了这些见解，代表作是《两都赋》。西汉时定都长安，东汉建都洛阳，而关中父老仍望复长安西部，班固对此持异议，故作《两都赋》"盛称洛邑制度之美"。赋中以西部宾

繁阳县城图，出自东汉护乌桓校尉墓壁画。繁阳县城的长方形，绘有城桓、城门、门楼、门亭等。大城内有小城，小城内有庭院、楼、台、亭、阁等建筑。这类城市平面图，在墓葬壁画中还属首次发现，真实地再现了东汉时期的县城面貌。它是中国最早的城市图之一。

和东都主人的对话来表现作者自己的主张。西都宾向东都主人矜夸西都的宫苑富丽，物产丰盛；东都主人则责备他"驰骋于末流"，继而向他颂扬光武帝迁都洛邑、中兴汉室的功绩，再描写田猎、祭祀、朝会、饮宴的盛况，显示今朝的声威，最后归于节俭，"以折西宾淫侈之论"。《两都赋》体制宏大，沿袭了司马相如、扬雄的铺张扬厉的写法，仍是《子虚》、《上林》、《羽猎》、《长扬》的风格。但班固是史学家，与一般纯粹的辞赋家毕竟不同，他比较注重社会现实，故《两都赋》中的表现手法已走向写实之路。他在西都赋中表现了城市的繁华、物质的富饶；在东都赋中描写社会的安定、文化的发达。这些都反映了作者的现实主义精神。在表现内容上，超出了宫室游猎的范围，开拓了京都之作的题材。

班固的《两都赋》中有不少替朝廷说教的成份，是铺采摘文的西汉大赋的继续。但它对当时长安、洛阳城市面貌的具体描绘，具有一定的现实内容和史料意义。文字风格亦较疏宕，没有过份堆砌词藻。后来张衡作《二京赋》，左思作《三都赋》，都受到它的直接影响。萧统撰《文选》，将它冠之卷首，可见其在文人们眼中的地位。

班昭以文才昭著·受诏续《汉书》

班昭是东汉女辞赋家，又名姬，字惠班扶风安陵（今陕西咸阳）人，是班彪的女儿，斑固的妹妹。

永元四年（92年），班固因外戚窦宪事件牵连，病死狱中，所著《汉书》，还有八《表》及《天文志》等未完稿。汉和帝于是下诏令其妹班昭续写补订所缺八《表》，又命马融兄马续补作《天文志》。

班昭曾担任皇后和妃嫔的教师，号为"曹大家"。邓太后临朝，班昭参与政事，著《女诫》作为妇女教育读物。《女诫》阐述男尊女卑、三从四德的道德标准。此后，《女诫》成为社会训女之书。

班昭像

她著有赋、文等16篇。《东征赋》是一篇纪游作品，记她于和帝七年春在黄河、洛水一带的见闻，抒写游览某些古人遗迹时的感慨，征引详博，表现了女作家的学识和文学修养。她还为兄长班超上疏一篇，情词恳切，感动了皇帝，下诏把班超从西域召还，该文是她的传世名篇。

王逸《楚辞章句》首开楚辞研究

东汉安帝元初初年，王逸作《楚辞章句》，是现存最早的《楚辞》注本，开《楚辞》研究之先河。

王逸，字叔师，南郡宜城（今属湖北）人，安帝时官居校书郎之职。

"楚辞"，开初是战国时期兴起于楚国的一种诗歌样式，到后来由于屈原等人一系列文学作品的出现，已成为一个文学作品集。其作者以屈原、宋玉为主，还有景差、贾谊、淮南小山、东方朔、严忌、王褒、刘向等人。全书共16卷，有《离骚》、《九歌》、《天问》、《九章》、《九辩》、《大招》、《惜誓》、《招隐士》、《七谏》等等。

王逸所著的《楚辞章句》，是现今发现的最早的一部《楚辞》研究专著，内容包括训诂、校勘、释义、考史、评文等诸文，对《楚辞》全书中从屈原到刘向等诸人的作品都加以了比较全面的注释及评价。全书共分17卷，其中前16卷是一一对应着《楚辞》中的16卷的，对从屈原到刘向作品作了一一的注释，而第17卷则是对王逸自作的作品《九思》进行注释。关于对《九思》的注释，历代有很多不同的看法，宋代洪兴祖怀疑是王逸的儿子王延寿所作，《四库全书总目》则认为是王逸自作，现在看来，王逸自作的可能性不大，多为后人所写。

王逸比较擅长于训诂古书，又因其生长在故楚国之地，对楚地方言较为熟悉，因此在注释中多能对前人的成绩加以辩正，并表达自己的新意，对《楚辞》中的每篇文章，都在其前面加上叙文，或者在文后加后序，对全文的要点宗旨加以较为明晰的说明。尽管在注释方面不免带有汉代儒家的诸多弊病，但也不能妨碍《楚辞章句》成为《楚辞》的一个较好的注释本，仍是历代《楚辞》研究者们的必读书。

王符著《潜夫论》

东汉末年，朝庭为外戚、宦官把持，政治严重腐败，一批政论家和思想家不苟权贵，敢于揭露和抨击社会的矛盾和弊端，兴起社会批判和主张改革的进步思潮。王符就是其中主要代表人之一，他所著的《潜夫论》反映了他的社会批判思想和改革主张。

王符（85年？—163年？），字节信，安定临泾（今甘肃镇原）人。东汉著名的政论家、文学家，和马融、张衡、崔瑗等著名学者是好友。他不流于俗，不求引荐，所以游宦不获升迁。于是愤愤而隐居，专心著书，终身不仕。延嘉五年（162），同乡度辽将军皇甫规解官返乡，乡人纷纷前往拜候，皇甫冷落退职太守而欢迎王符，以致当时流传"徒见二千石，不如一缝掖"的说法。

王符著书是为"讥当时失得，不欲章显其名"，所以他将书名定为《潜夫论》。《潜夫论》今存本35篇，《叙录》1篇，共36篇。全书以《赞学》开始，以《五德志》叙说帝王世系，《志氏姓》考证谱牒源流而结束。

王符《潜夫论》形成了颇具特色的宇宙生成论。王符受王充元气自然论影响，认为天地万物的产生，都是气之所为。基于这样的自然论，王符认为要建立一种"人天情通，气感相和"的天人关系。他认为要搞好政治，就能"理其政而和天气"，实现"兴大化而升太平"。

王符主张发挥人的主观能动作用，在认识论上，承继荀子"积习"观点，强调要获得知识，都必须通过学习。他主张如实反映情况，名实相符。他揭露和斥责社会上种种虚伪、欺诬的现象，认为名实不相符的根源在权势者的独断专行，"富者乘其材（财）力，贵者阻其势要，以钱为贤，以刚强为上"。

王符在《潜夫论》中对当时流行的谶纬神学流传的汉之兴盛与天相应的符瑞说进行了批驳。他认为若违背自然规律，国家必遭覆灭。他指出，"官益大者罪益重，位益高者罪益深"，"衰世之恶，常与爵位自相副"，把矛头直指最高统治者。

王符认为东汉末年的社会危机是由于豪强地主的挥霍无度、社会风尚骄奢淫靡、工商业畸形发展，导致大批农民舍本逐末，严重腐蚀和破坏了封建社会的经济基础。因此他主张"崇本抑末"，限制工商业的畸形发展。同时，他反对"族姓""门阀"的政治特权，反映出当时庶族地主和平民要求参与政治和社会改革的愿望。

王符提出社会改革要将以法治和思想统治的"德化"相结合。人君治天下"要在于明操法术"，而且对"妄违法之吏，妄造令之臣，不可不诛"，希望加强君主的权力，打击外戚及宦官、豪强世族地主的政治势力，以解决东汉的社会危机。

崔寔著《政论》

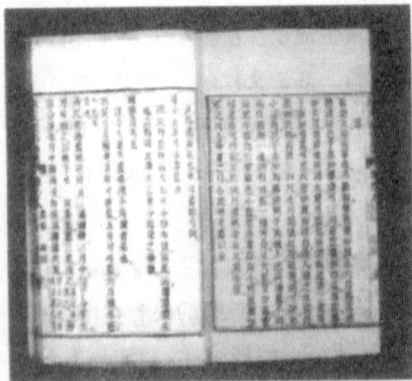

《政论》书影

崔寔所著《政论》大致产生于汉桓帝和灵帝（即147年—189年）间。崔寔，字子真，生年不详，约卒于汉灵帝建宁年间（约170年）。涿郡安平（今河北涿州市）人。祖父崔骃、父亲崔瑗都以文章出名。崔寔家世寒素，但他喜好典籍，有经史百家的传统修养。曾做过五原太守、辽东太守。所著《政论》，现在全书已佚失，仅有片

断保存在《全后汉文》和《群书治要》中。

崔寔深切感到当时社会风俗已败坏，社会危机十分深重。他首先在书中揭露当时存在的"三患"：上下竞为奢侈浮华、弃农经商和厚葬，其结果是造成百姓"饥馑流死"，被迫"起为盗贼"。这三患造成社会危机深重。面对这种情景，他认为社会到了非改革不可的地步。再加上贪官酷吏对百姓随意捕杀、任意欺榨，"嗷嗷之怨，咎归于天"，"仇满天下，可不惧哉！"

因此，在《政论》中崔寔针对汉末乱世情况，认为当时已无力推行王政，主张用严刑竣法惩治贪官酷吏和百姓中的"奸轨"不法之徒，这样才能使社会安定下来。崔寔一改以德教仁政为主的儒家观点，主张实行霸政、法治。在《政论》中，针对社会风习侈靡，他主张限制工商业畸形发展，强调要效法子产相郑，严格等级制度，限制官僚贵族以至庶人、富商、豪族地主的骄奢逾制，使国家得到治理。同时，他主张恢复井田，实行井田制，这样可以抑止兼并，防止贫富不均。还希望朝廷效法景帝、武帝那样组织移民，把徐兖、冀三州人稠土狭之民，迁徙到凉州宽阔之地上进行开垦，以赡贫困。

崔寔在《政论》中，对汉末社会黑暗腐败进行了揭露和批判，对社会改革提出自己的建议，这一切都具有一定的进步意义。崔寔极力主张推行严刑峻法的霸政思想，一方面暴露东汉王朝面临的严重的社会危机，不依靠暴力镇压和法律惩办已难维持；另一面也反映出神学经学的衰落，名法思想有所抬头，学术思想的发展趋向开始发生变化。有一定进步思想的崔寔敏感地发现了这一切，提出一定的行之有效的措施。

《古诗十九首》与所谓苏、李酬答诗完成

　　《古诗十九首》是梁代萧统《文选》"杂诗"类中十九首五言诗的总称。所谓苏、李酬答诗是指托名西汉苏武，李陵相互赠答的若干首五言古诗，今存10多首，其中李陵《与苏武三首》，苏武4首，最早也见于《文选》"杂诗"类，列于《古诗十九首》之后，这是相对完整的组诗，属苏、李所作的说法，已证明不成立，但习惯上仍以"苏李诗"来称呼它们。这些诗的作者已无从考究，但因其风味大致相同，又同时出现于东汉末年桓帝、灵帝时期，因而，它们的出现被视为五言诗成熟的一个标志，五言诗从此走上了文人化道路。

　　在魏末晋初，流传着一大批东汉末年文人五言诗，多为抒情诗，表现手法和艺术特色比较独特，被统称为"古诗"，不是一时一人所作，这种诗歌风格被许多文人效仿，成为后世五言诗的一种典范，也是有别于两汉乐府歌辞的独立诗体，受到诗人和文论家的重视。

　　这批诗歌作品产生于东汉后期安、顺、桓、灵帝年间（2世纪），前后不过数十年，这时，宦官外戚勾结擅权，官僚集团垄断仕路，上层士流结党标榜，下层士子为了谋求仕进，不得不奔走道路，四处交游。他们辞别父母亲人，背井离乡，其结果是一事无成，落得满腹牢骚和乡愁，因而，《古诗十九首》正是抒写了游子矢志无成和思妇离别相思，突出地表现了当时中下层知识分子的愤懑不平以至于玩世不恭、颓废享乐的思想情绪，在仕途上碰壁后产生的苦闷和厌世是游子诗中流露出的共同情绪，也是其主要思想内容。面对政治上失望以至绝望，他们的处世态度各不相同，或心灰意冷，厌世弃俗，或安贫达命，知足行乐，大都流露出各种消极心理，如达观、嬉笑、哀鸣、怨愤，甚至颓废放荡，绝无昂扬之气。至于思妇闺怨，游子乡愁，也集中于抒写个人的离别相思，渴望夫妻团聚，怨恨青春虚度，感情缠绵哀伤，蕴含了一定的时代社会政治内容，但总的倾向却格调低沉，思想内容相对狭窄。

苏李诗的内容多为赠答留别，怀人思妇，感伤人生，情调十分凄怨，与《古诗十九首》在内容和思想感情方面的风格大致相同。

由于这些诗歌的作者多为中下层文人，有较高的文化素养，继承了《诗经》、《楚辞》及汉乐歌民歌的艺术传统，融汇了各种艺术技巧，它们构思精隽，富于形象的比兴手法的运用，情景交融又平白如话，形成了曲尽衷情而委婉动人的独特风格。其中游子诗多是感兴之作，富于哲理，意蕴深长，耐人寻味，思妇诗形象鲜明，感情含蓄。形式也比较完整，表现出较高的艺术成就。标志着文人五言诗的定型和成熟，成为后世诗歌创作的光辉典范，影响十分深远。

荀悦著成《汉纪》、《申鉴》

荀悦（148年—209年），字仲豫，东汉末年颖川颍阴（今河南许昌）人，献帝时曾做过侍中。据《后汉书》记载，献帝喜欢读典籍，但认为班固的《汉书》行文繁复难读，就命令荀悦取材于《汉书》，按《左氏传》的编年体将《汉书》改编成我国第一部编年体断代史《汉纪》。《汉纪》记事起于刘之兴，迄于王莽之败。

荀悦撰写《汉纪》的宗旨是"达道义"、"彰法式"、"通古今"、"著功勋"、"表贤能"；他在序中说明撰述的原则和方法是"谨约撰旧书，通而叙之，总为帝纪，列其年月，比其时事，摄要举凡，存其大体。"一方面在书中忠实于班固《汉书》的思想，另一方面也在写作中阐述自己的历史思想。他在书中尊奉儒家正统思想，以儒家"三纲"为核心，认为"仁义之大体在于

三纲六纪",并竭力维护汉皇朝的成规,中心是维护皇权。他在书中考察了西汉皇朝政治统治的得失,分析了高祖、文帝、武帝、宣帝、元帝几朝朝政的利弊,提出了"六主"、"六臣"的看法,并且把客观形势同人的心理、志向结合起来考察"立策决胜之术"。荀悦对政治统治和历史经验之密切关系十分重视,他的历史见解具有鲜明的时代性,他的史论继承了司马迁"稽其成败兴坏之理"的遗风。

《汉纪》的体例比《左传》更加严整。他采用连类列举的方法,在有关的史事之下记载与之有重要联系的人物和制度,在依《左传》的编年体按年月排比史事的同时,又容纳了大量历史人物的传记和典章制度的知识,不仅使体例更加严谨,也扩大了编年体史书记事的范围,从而使编年体史书发展到比较成熟的阶段。刘知几论史书二体时极力推崇《汉书》、《汉纪》,将之并称为"班荀二体"。

献帝(190年—220年)时政权为为曹操控制,献帝只能拱手听命。荀悦在宫中侍讲,对这种状况十分不满,就写了《申鉴》五篇,来议论为政之道。大旨在于宣扬仁义道德,主张根据儒家精神来经世济国,对当时政治和谶纬迷信作了批判。

《汉纪》是中国史学上第一部编年体皇朝史,儒家正统史学也因此书确立了统治地位,对后代产生了深远的影响。

曹氏父子文学成就焕然

文学史上有"三曹"之称的曹氏父子——曹操、曹丕、曹植，为文人诗歌的第一个繁荣时期即建安诗歌的产生、发展作出了极大贡献，取得了很高的文学成就。

东汉建安（196年—220年）年间至曹魏黄初、太和年间（220年—233年）产生的诗歌被称为建安诗歌。代表人物除曹氏父子之外，还有"建安七子"。建安诗人大都经历了汉末的离乱，所作诗歌多是缘事而发，悲壮慷慨，时代特征鲜明。建安文学在悲壮慷慨的基调中，感伤离乱、悲悯人民和慨叹人生，联系着及时建功立业的政治豪情，从而显得"志深笔长"、"梗概多气"，是沉着品格的典型代表。这一鲜明的风格使得它被后世称为"建安风骨"或"汉魏风骨"，在中国文学史上产生了深远影响。沉着品格是精神低沉的品格，但也是更加现实、具体的品格。文明的精神已经失去追求未知、无穷和奇谲意境的能力，而更多地与对世界的悲叹联系起来。曹氏父子和受他们影响的魏人是这一品格的正面代表。曹氏父子与汉乐府、东汉文人诗在形式、内容甚至格调上都有明显联系，但与古诗的蕴藉相比，他们更悲痛，调子更低，并且，对现

宋摹本东晋顾恺之《洛神赋图卷》（局部）

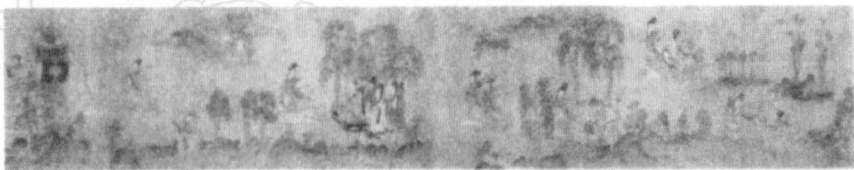

宋摹本东晋顾恺之《洛神赋图卷》（局部）。此卷以三国时代曹植的名篇《洛神赋》为题材，用生动的形象完整地表现了赋的内容，体现了这一时期文艺理论中重视感情生活的要求。作者逐节描绘《洛神赋》的内容，开始是曹植带着随从到了洛水之滨凝神怅望，仿佛看到了洛神（亦即甄氏）仙裳飘举，凌波而来。其后是他们互赠礼物，洛神和她的同伴们在空中或水上自在地游玩。这时风神使风停止，河神命波浪平静，水神在击鼓，创世神女娲也在唱歌，曹植和洛神乘着驾六龙的"云车"出游，一叙衷曲。最后曹植在渡洛水的舟中思慕不已，离岸乘车远去时还回头怅望，无限依恋。

实生活依附得也更深。

　　三曹的风格并不完全一样，曹操有其政治家的气势，曹植在政治上的失意使他把注意力转向神话和其他境界。但与古诗十九首和唐代诗歌相比，他们沉着品格不容置疑，是中国文学史独此一家的品格。

　　曹氏父子在文学上的成就，具体来说各有特色。曹操的文学成就主要是诗歌方面的；曹丕则以诗歌和文学批评为最；曹植是建安文学集大成者，在诗歌艺术上有很多创新发展。艺术风格上，曹操的诗歌朴实无华，而以气韵深沉、感情真挚见长，最典型的情调就是慷慨悲凉，在体裁上开创了以乐府写时事的传统；曹丕的诗歌笔致细腻，语言流畅，格调清新，有完整成熟的七言诗作品，他的《典论·论文》开综合评论作家作品之先河；曹植的诗、赋、散文在质量数量上都冠称当时，他的诗歌明朗和谐清新，尤其在五言诗上作出了较大贡献，他的诗不仅有"雅好慷慨"的一面，也有文采华丽的一面，"骨气奇高，词采华茂，情兼雅怨，体被文质"是对他的诗恰当的评价，而在诗歌史上，他被看作五言诗一代宗匠，钟嵘称赞说是"粲溢今古，卓尔不群"。

　　曹氏父子自身卓然的文学成就，以及他们对建安文学的巨大贡献，使"建安风骨"形成并被高扬。"建安风骨"成为后代诗歌复古、纠正颓靡文风的大旗，在文学史上有极为深广的意义。

建安七子主导文坛发展

建安年间（196年—220年），在曹操统治集团里，聚集了七位有杰出才华的文学家，他们是孔融、陈琳、王粲、徐干、阮瑀、应玚、刘桢，史称建安七子，他们与三曹一起，创造了中国文学史上一个辉煌的时代，其独具特色的文学风格——"建安风骨"从此主导了文坛，成了后世文学所推崇和效法的仪范。

孔融（153年—208年），字文举，少年颖慧，汉末屡被征辟，归曹操后，曾作少府，因不满曹操的雄诈，多所乖忤，被免官，后又拜太中大夫，退居闲职，好士待客，座上客满，奖掖推荐，声望很高，为曹操所忌，构罪被杀。

陈琳（？—217年），字孔璋，广陵射阳（今江苏淮安县东南）人，是七子中年纪最长者，汉末曾任大将军何进主簿。曾避冀州，为袁绍幕僚，袁军典章文籍，军中文书，大多出于其手，《为袁绍檄豫州文》最为著名，文中历数曹操罪状，极富煽动性，官渡之战后，被曹操俘获，曹操深爱其才，没有追究他，任命他为司空军师祭酒。后又升任丞相门下督，建安二十二年（217年）与刘桢、应玚、徐干同时染疫疾而死。

王粲（177年—217年），字仲宣，山阳高平（今山东省全乡县）人，少有才名，汉末任黄门侍郎，在荆州16年，不被刘表重用，后任曹操军师祭酒。

徐干（170年—217年），字伟长。阮瑀（？—212年），字元瑜。应玚，字德琏。刘桢，字公干。以上七人的生活经历大致相同，前期历经了汉末的社会大动乱，虽然地位和家庭背景各不相同，但无一能逃脱在战火中颠沛困顿的命运，后期依附于曹操，孔融、王粲担任过高级官职，其余也都是曹氏父子的近臣。

由于他们大致相同的生活经历，因而在文学创作上也表现出大致相同的内容和风格。他们前期的作品多反映社会动乱的现实社会生活，抒发其忧国忧民的情怀，如王粲的《七哀诗》、《登楼赋》，陈琳《饮马长城窟行》、阮瑀《驾出北郭门行》，刘桢《赠从弟》等，都具有现实意义和一定的思想深度，但情调不免低沉和感伤。后期创作受到曹操创作风格的影响，在内容上大多反映他们对曹氏政权的拥护和自己建功立业的抱负，以游宴、赠答为主，虽不免以清客陪臣的口吻为曹氏父子歌功颂德，显露出庸俗的态度，但总体风格却是积极、健康的。

七子的文学创作虽因个性差异而各自有独特的风貌，但具有一些共同的特点，这构成了建安文学的时代风貌。刘勰《文心雕龙》归纳这一风格产生的原因时说，这种慷慨激昂的文学作品是由于社会积久的离乱、风俗的颓衰而造成的，在这种情形下，文学作品思想才有深度，而且含蓄隽永，有慷慨之气。这一论点是十分精辟的。这种既有思想深度，又含蓄蕴藉，富有慷慨悲壮之气的文学风格被尊为建安风骨和建安风力，这是建安七子和曹氏父子对中国文学史的突出贡献，这种风格被表现在诗歌、辞赋、散文及其他文学创作活动之中，主导了建安时期的文坛。后世文学革新运动，也多以建安风骨相号召，陈子昂就是以此为旗号，从而形成一股洪流，将唐代诗歌创作推向顶峰的。

曹植作《赠白马王彪》《洛神赋》

曹植（192年—232年），字子建，曹丕之弟，是建安文坛上最有成就的作家，《诗品》称其为"建安之杰"。他的诗歌创作在数量和质量上都超过了同时代的文人，堪称当时之冠。

宋摹本东晋顾恺之《洛神赋图卷》(局部)。长 572 厘米,高 27 厘米。取材于魏曹植《洛神赋》,运用横卷构图形式把诗赋的情节一一展现出来,突出人物关系和情思,成功地表达了诗赋中所描绘的梦幻中如丝如缕的柔情。

  曹植的一生以曹丕登基分为得意与失意两个时期。他早年深得曹操宠爱,在相对安定的环境中过着贵公子的生活,后来在与曹丕争太子位中失势,倍受压抑。其诗歌创作亦相应分为前后期,具有不同的内容特色。前期诗作以《白马篇》、《名都篇》为代表,抒发建功立业的雄心壮志,雄健刚劲,意气风发。《白马篇》中描写了一位武艺高强、有捐躯报国之志的"幽并游侠儿"形象;《名都篇》写京洛少年的"游骋之乐"。两首诗实际上都是作者早年生活的自我写照。特别是《白马篇》,寄托了作者建功疆场,名垂青史的少年壮志。曹植后期诗歌则主要抒发他壮志难酬的愤激不平之情,代表作有《赠白马王彪》、《吁嗟篇》、《野田黄雀行》等。其中《赠白马王彪》是一篇力作,因感慨曹丕对手足的迫害,愤而成篇。诗中表现了丰富而复杂的感情,充满悲郁深沉的忧生之叹。"鸱枭鸣衡轭,豺狼当路衢,苍蝇间白黑,谗巧令亲疏",引类比喻揭示了诗人所处的险恶的政治环境;"奈何念同生,一往形不归。孤魂翔故域,灵枢寄京师"则表现了对兄弟的深沉悼念。这首诗在抒发个人感

情的同时，深刻地暴露了统治阶级内部其豆相煎的残酷。曹植的散文和辞赋也不乏佳作，如《与杨德祖书》、《洛神赋》等。在艺术表现上，曹植是建安诗坛上成就最高的。他工于起调，善用比喻，常有警句，"如高树多悲风，海水扬其波"，"惊风飘白日，艺景驰西流"。此外，他注重炼字、对偶与和声，其诗既富激情，又有文柔，《诗品》以"骨气奇高，词采华茂"来形容他诗歌的艺术风格。

皇象写《急就章》

皇象，字休明，广陵江都（今江苏省扬州市）人。三国时吴书法家，曾累官至侍中、青州刺史。是东汉章草专家杜度的弟子，擅长小篆、隶书，尤精于章草，有一代绝手之称，被唐张怀瓘列为神品。南朝宋人羊欣在《采古来能书人名》中评价皇象的草书风格为"沉着痛快"。流传作品有《急就章》、《天发神谶碑》、《吴大帝碑》、《文武将队帖》等，其中《急就章》最负盛名。

《急就章》原名《急就篇》，本是中国古代儿童的启蒙读物，由西汉元帝时黄门令史游编撰。因首句是"急就奇觚与众异"，所以取此句前二字作为篇名。现在保存的《急就章》摹本中以藏于江西省松江县博物馆的"松江本"为最著名。此本据传是明代吉水（今属江西省）人杨政在正统四年（1439 年）根据宋人叶梦得颍昌本摹刻而成。此本章草和楷书各书一行，字形规范，笔力刚健，于

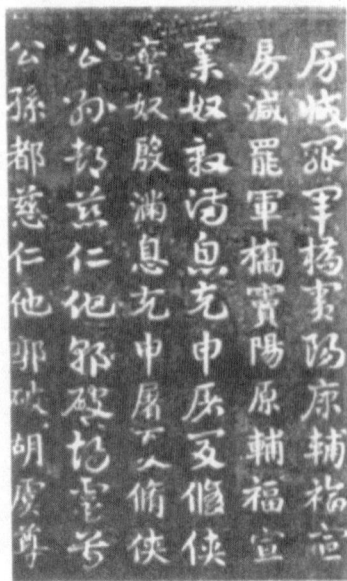

皇象《急就章》拓片

流丽中见丰满，于变化中见统一，是公认的章草范本之一。此后，章草在中国书法史上的地位就更加突出了。

陈寿撰成《三国志》

太康六年（285年），陈寿撰成《三国志》。

《三国志》是纪传体三国史。共65卷，分魏，蜀、吴三志。其中《魏志》30卷、《蜀志》15卷、《吴志》20卷。只有纪、传而无表、志。《魏志》前四卷称纪，《蜀志》、《吴志》有传无纪。

陈寿（233年—297年），字承祚。西晋巴西安汉（今四川南充北）人。少好学，曾受教于谯周。蜀汉时历任卫将军主簿、东观秘书郎、散骑黄门侍郎。入晋后，历任著作郎、治书侍御史等。太康元年（280年）晋灭吴后，他搜集魏、蜀、吴史料，终于撰成《三国志》65卷。

《三国志》以曹魏为正统，《魏志》列于全书之首，对魏的君主称帝，叙入纪中；而对吴、蜀则称主不称帝，叙入传中。在陈寿撰《三国志》之前，魏、吴两国先已有史，官修的有晋王沈《魏书》、吴韦昭《吴书》，私修的有魏鱼豢《魏略》，它们皆成为陈寿《三国志》魏、吴两志的基本资料。虽蜀国无史，但陈寿本为蜀人，又受教于史学家谯周，因而其自采资料而成蜀志亦不逊于魏、吴两志。三志本独立，后世才合为一书，综合三国史事

晋《三国志》写本残卷

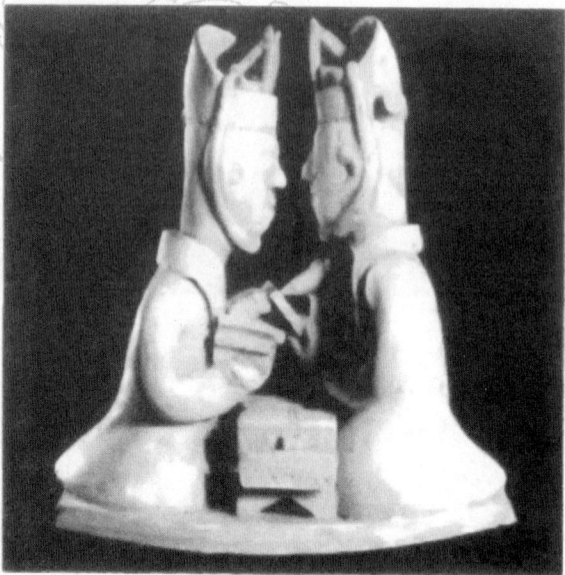

西晋对书俑。俑胎灰白，青绿色釉开片，多已剥落。两俑相对踞坐。案的一端置一长方形书箱，中间有笔架，案另一端置长方形砚。此俑的衣袍、手等的塑造十分简朴，而对帽及案、书箱、笔却又注意细部的刻画，如案上的纹饰、书箱上的提手和所系的绳子，都表现得相当逼真。

为一编，则自《三国志》始。在中国古代纪传体正史中，《三国志》与《史记》、《汉书》和《后汉书》并称为前四史。

《三国志》取材严谨，文笔精炼，记事比较真实。凡三国时期在政治、经济、军事上有关系的人物，以及在学术思想、文学艺术、科学技术上有贡献的人，书中都有所记载。此外也记录了国内少数民族以及邻国的历史。但记载过于简略，对一些重要的历史事件和人物事迹，语而不详，甚至遗漏。另外，《三国志》没有关于典章制度等方面的志，是其一大缺憾。

由于《三国志》叙事较为简略，南朝宋文帝命裴松之作补注。裴松之广搜资料，引用之书多达200余种，终于在元嘉六年（429年）撰成《三国志注》。除少数文字上的解释外，更主要的在于补充原书记载的遗漏和纠正错误，并对史家和著作加以评论。对于《三国志注》来说，其主要价值在于提供了大量资料，使史事更加详明，以补《三国志》之不足。因此，对于研究三国时代史事，《三国志注》的重要性和价值可与《三国志》相媲美。

鲁褒作《钱神论》以讥时

元康九年（299年）四月，鲁褒作《钱神论》。

鲁褒，字元道，南阳人，生卒年不可考。自幼好学多闻，以贫素自立。

惠帝元康（291年—300年）年间，纲纪大坏，世风日下。惠帝昏聩无知，在华林园听到蛙声，就问左右："此鸣者，为官乎，为私乎？"当时天下闹饥荒，百姓饿死，惠帝听说后问道：他们为什么不吃肉呢？朝纲旁落，政出多门，有权势的人家，相互举荐，各为其私利，贪污贿赂成风。很多人都贪得无厌，"竹林七贤"中的王戎，积累的钱无法计数，却经常手持算具，昼夜计算，仍觉不够，他的弟弟王衍的妻子郭氏，也是聚敛无厌之人，曾用钱来环绕床沿。驸马王济用铜钱作院墙，围成跑马射箭场，当时的人称之为"金埒"。太子少傅和峤，以"钱癖"著称。石崇为荆州刺史，派人劫掠客商，获得钱财无数。可见"惟钱是求"成为当时的社会风气。

针对这种社会现状，有成公绥、綦母氏、无名氏作"钱论"愤世疾时，讥讽世风，其中最著名的是鲁褒作的《钱神论》。《钱神论》说：钱之为物"无德而

西晋青瓷熊尊。全身饰对称的线条纹和卷毛纹，顶有一注水圆孔，造型十分生动，制作精细，是六朝青瓷中的珍品。

尊，无势而势，排金门，入紫闼，危可使安，死可使活，贵可使贱，生可使杀，是故忿争非钱不胜，幽滞非钱不拔，怨仇非钱不解，令闻非钱不发……凡今之人，惟钱而已！"还说钱"为世神宝，亲之如兄，字曰孔方。失之则贫弱，得之则富昌"。"钱无耳，可使鬼"。《钱神论》尖锐地讽刺了钱能通神使鬼，主宰一切的作用。这篇文章一出，立即引起了愤世疾俗的人们的共鸣，被广泛传诵。"孔方"一词，也成为了"钱"的同义语。

干宝撰写《搜神记》

东晋年间，史学家干宝根据历代神话传说，编撰了中国第一部志怪小说集《搜神记》。

干宝（？—336年），字令升，新蔡（今属河南）人，东晋初著名史学家，曾以菱郎领国史，著《晋纪》，记西晋一代史事，今佚，仅存片断。《晋书·干宝传》说他有感于生死之事，"遂撰集古今神祇灵异人物变化，名为《搜神记》"。据《晋书·干宝传》所记，此书原为30卷，传至宋代已经散佚。今存20卷本，可能为明代胡元瑞等人重辑。另外，也叫作《搜神记》的，还有两本。一是商浚《稗海》8卷本的《搜神记》，一是句道兴残本《搜神记》。8卷本亦传为东晋干宝撰，有人认为是赵宋以后人据北魏县永《搜神论》残卷增补而成的。句道兴本出于敦煌石室藏书，残存1卷，题句道兴撰，作者及成书年代均无从考知。

《搜神记》所记多为神怪灵异，但也保存了不少民间传说。如《韩凭夫妇》、

东晋青瓷褐斑鸡首壶

《李寄》、《干将莫邪》等篇,《干将莫邪》写楚人干将莫邪为楚王铸剑,三年剑成,却被楚王盛怒杀死。其子子赤立志报仇,不惜自刎,托头于山中客,山中客持头往见楚王。"王大喜,客曰:'此勇士头也,当于汤镬煮之'。王如其言煮头,三日三夕不烂,头踔出汤中,瞋目大怒。客曰:'此儿头不烂,愿王自往临视之,是必烂也。'王即临之,客以剑拟王,王头随堕汤中。客亦自拟己头,头复堕汤中。三首俱烂。"惊心动魄,壮气淋漓。

《韩凭夫妇》写宋康王见韩凭的妻子何氏美丽,强加抢夺,并迫令韩凭服劳役,逼得二人先后殉情自尽。何氏留下遗言,请求与韩凭合葬一处。而宋康王却说:"尔夫妇相爱不已,若能使冢合,则吾弗阻也。"就在宿昔之间,两棵梓木从两冢中长出来,树干相交,根于地下缠绕,树枝也牵连在一起,人称之为"相思树",树上又有鸳鸯一对,晨夕不肯离去,交颈悲鸣,音声感人。

本书篇幅较大,所收内容多有价值,在六朝志怪小说中占有重要地位,被当时人刘惔称为"鬼之董狐"。

孙盛撰成《晋阳秋》

东晋太和四年（369年）12月,孙盛撰成《晋阳秋》。

东晋太和年间,频繁的劳役、疾病和战争,使百姓死亡十之四五,引起百姓的怨愤。369年12月,秘书监孙盛写成《晋春秋》(后避讳改为《晋阳秋》),直书时事,谴责当权者,并直书桓温北伐失利之事。桓温见后大怒,对孙盛的儿子说,北伐前燕,确有失利,但还不至于如孙盛所说的那样严重。如果不加修改而让流行,当心孙家的命运。孙盛之子遂请求桓温谅解,并答应立即改正。诸子哭泣叩头,请求孙盛为孙家百口命运,改写《晋阳秋》。孙盛大怒,坚决不允许。诸子只得私下将书修改后交付出去。然而,孙盛当初已另写副本，流传他国。晋孝武帝即位后征求天下异书，从辽东（郡名，治襄平，今辽宁辽阳北）人手中获得副本。该本与东晋流行本不同。于是，两种版本都保存下来。1972年，在新疆吐鲁番阿斯塔那一百五十一号古墓中还出土了这本书的残卷。

《拾遗记》作者去世

东晋太元十七年（392年），《拾遗记》作者王嘉去世（一说390年去世）。王嘉（？—392年），字子年，陇西安阳（今甘肃渭源人。他为人滑稽善谑，曾隐居于东阳谷、终南山等地，后被后秦王姚苌迎入长安，奉为上宾。当时正值姚苌与前秦作战，双方相持不下，姚苌于是询问王嘉战事结果如何。王嘉回答未能遂姚苌的心意，于是被姚苌杀害。王嘉著有《拾遗记》（原名《拾遗录》）19卷，共220篇，后经梁萧绮删减，改定为10卷流行于世。《拾遗记》属杂史体志怪小说，记述庖羲至东晋间故事传说及海外昆仑灵境仙山。书中记叙的多为怪异之事，但也有叙述人事及社会生活的故事。前9卷全记历史遗闻逸事，如包羲、神农、三国事等。第10卷记叙昆仑、蓬莱、方文、瀛州、员峤、岱兴、昆吾、沿庭等8大名山。

陶渊明作《五柳先生传》

陶渊明（365年—427年），又名潜，字元亮，私谥靖节。浔阳柴桑（今江西九江西南）人。晋宋时期诗人、辞赋家、散文家。《五柳先生传》是他青年时期的散文，反映了陶渊明早年学仕之前的个性风貌。

陶渊明出生于没落仕宦家庭，曾祖陶侃曾是东晋开国元勋，官至大司马，都督八州军事、荆江二州刺史，封长沙郡公。祖父曾为太守。父亲早死，母亲是东晋国名士孟嘉之女。由于父亲早死，陶渊明少年时代就处在贫困的生活中。但因家教优良，他自小就读了许多诗书，杂书。有《老子》《庄子》、"六经"，以及文、史、神话、小说等等。少年时的陶渊明爱好广泛，时而沉缅于山野，时而醉心于琴书，时而向往胡马铁蹄下的张掖、幽州，立志四海。《五柳先生传》就是陶渊明28岁（晋孝武帝太元十七年，392）之前这段居家生活时的作品（陶渊明出仕后创作见陶渊明作《归去来兮辞》）。

陶渊明像

《五柳先生传》描述的是东晋时一位志趣高尚、性格鲜明、不同流俗的儒生形象。五柳先生"闲静少言，不慕荣利"，不追求荣华利禄；同时五柳先生还是个"好读书，不求甚解"的书生，读书在于开启心智，不牵强附会，不刻意考究，追求的是"每有会意，便欣然忘食"的忘我境界；五柳先生还好喝酒，"性嗜酒，家贫不能常得"；此外，五柳先生还是个安贫乐道的君子，"环堵萧然，不蔽风日，短褐穿洁，箪瓢屡空，晏如也。"但却"常著文章自娱，颇示己志"，常常著文来抒发内心的情愫和志向，并"忘怀得失，以此自终"，"不戚戚于贫贱，不汲汲于富

晋屯垦砖画。画面反映了魏晋时期军队屯田的情况，上面两排手拿戟盾的士兵在操练，两排兵士之间有骑兵似在行进，骑兵之前有一持刀兵士前导。在牛耕画面中，一耕者披发跣足，身穿窄袖衫和肥大短裤，似为少数民族。

贵"。五柳先生是一个有性情、有追求的典型文人形象，他既是陶渊明早期生活和志向的记述和抒发，反映出青年时陶渊明的个性风貌和精神情操；同时，他的许多爱好和品格，又为后来许多的文人追求和自诩，成为文学史中一个令人瞩目的文学形象。

《五柳先生传》是陶渊明自撰的小传，篇幅短小，字数不过300多，但其笔墨精粹，善用白描，在平淡无奇、自然而然的语言中露出立意的隽永，勾画出五柳先生的爱好、生活态度及思想性情等性格形象，言简意赅，却是流露出与其诗歌、散文风格相一致的艺术特色。

《五柳先生传》是陶渊明早年生活和性情、志向的写照，同时又是他早年艺术创作风格的体现。

陶渊明作《归去来兮辞》

晋孝武帝太元十八年（393年）至晋安帝义熙元年（405年），即从他的29岁至41岁，是陶渊明的学仕时期。在13年时仕时隐的生活中，陶渊明创作了不少的宦旅诗和散文，反映出他对仕途的厌倦和对田园生活的向往，而《归去来兮辞》则是陶渊明最后与官场诀别的辞赋作品。陶渊明作《归去来兮辞》后，辞去彭译令，从此走上归田的生活道路（其归田后的生活、创作见陶渊明作《桃花源诗》）。

陶渊明29岁时因"亲老家贫"，起家为江州祭酒，不久，因"不堪吏职"，自行解职回家，闲居家中五、六年。晋安帝隆安四年（400年），陶渊明到荆州任刺史桓玄属吏，翌年，因母丧辞职归家。桓玄兵败，刘裕入建康任镇军将军，陶渊明离家东下，在其幕下任镇军参军。义熙元年（405年），陶渊明转任建威将军江州刺史刘敬宣的参军，八月，出任彭泽令，任官80多天，十一月，辞官归家，结束了13年时仕时隐的生活。

《归去来兮图》，"入世"与"出世"是中国知识分子思想中互补的两极。陶渊明《归去来兮辞》，正是"出世"这一极的最好反映。

《归去来兮·临清流而赋诗》

在陶渊明的学仕时期，创作的主要有宦旅诗及一些辞赋、散文如《庚子岁五月中从都还阻风于规林二首》、《辛丑岁七年赴假还江陵夜行涂口》、《癸卯岁始春怀古田舍二首》，就是著名的宦旅诗，抒发其宦海奔波中对家园的思念；《闲情赋》、《归去来兮辞》则是著名的辞赋作品，《闲情赋》以男女之情寄托自己执着的追求；《晋故征西大将军长史孟府君传》则是散文佳作。

《归去来兮辞》首段描述了辞官归田的原因及想象归途及到家的情景。"归去来兮，田园将芜胡不归！既自以心为形役，奚惆怅而独悲？"又"云无心以出岫，鸟倦飞而知还"，道出了作者对追求利禄和沽名钓誉的厌恶，以及对田园生活的魂牵梦萦。"舟遥遥以轻扬，风飘飘而吹衣，问征夫以前路，恨晨光之熹微。乃瞻衡宇，载欣载奔"，轻松愉快的心情跃然纸上。接着，作者描绘了怡然自得的归田生活。"悦亲戚之情话，乐琴书以消忧"，"善万物之得时，感吾生之行休"，亲情浸濡之下，疲惫的身心也得到休息。最后，作者抒发了归田后畅快的心情。"富贵非吾愿，帝乡不可期"、"聊乘化以归尽，乐夫天命复奚疑"，希望安贫乐道地过自然的生活，直至生命的终结。陶渊明的《归去来兮辞》以生动自然的笔触，描绘出想象中的田园生活的美好，表现了自己不屈服于权贵，不与庸俗之流为伍，"不为五斗米折腰"的耿介品格，行文情真意切，亲近自然，具有极深的艺术感染力，历来受人推崇。欧阳修曾说："晋无文章，惟陶渊明《归去来兮辞》一篇而已！"可见其地位之高、影响之大。

陶渊明在《归去来兮辞》中描绘的"不为五斗米折腰"，辞官归田，陶醉于田园生活的断然决择，更影响了以后许多文人的生活取向，不少人在政治抱负得不到舒展的时候，都转而投入自然的怀抱，寄情山水，自得其乐。

陶渊明作《桃花源诗》

从晋安帝义熙二年（406年）解官归田至宋文帝元嘉四年（427年）病故，是陶渊明的归田时期。归田的20多年，是他一生创作最丰富的时期，《桃花源诗》便是其中一篇杰作。诗中幻想的生活富裕、和平安宁的理想社会——桃花源，为后人描绘了一幅与封建社会相对立的理想社会的图案。

陶渊明归田之初，家有僮仆，温饱无忧。义熙四年（408年）六月，家遭大火，家财散失殆尽，生活日益贫困。虽躬耕不辍，饥寒还是难免。义熙七年（413年），他移居浔阳负郭之南村，广结朋友，其中有共话桑麻的农民，也有共赏奇文、共赋新诗的文人。他与两个佛徒周续之、刘遗民的交往，曾

桃花源。清静无为的思想在陶渊明笔下便成了一处"绝圣弃智"、自然和谐的"桃花源"，桃花源成了老庄政治哲学的现实建构，也成了历代政治家们疲累之余的休息场所。图为湖南桃源县传说中的"桃花源"遗址。

被人合称"浔阳三隐"。义熙十一年（417年），著名诗人颜延之迁到浔阳，与陶渊明为邻，相互酬唱，感情融洽。义熙末年，朝廷征陶渊明为著作郎，被他拒绝。晋恭帝元熙二年（420年），刘裕废恭帝自立为王，国号宋，东晋灭亡。宋文帝元嘉三年，江州刺史檀道济亲自上门劝病饿在床的陶渊明，并馈以梁肉，被他挥而去之。元嘉四年冬，陶渊明终于在贫病中去世。

陶渊明归田后，在自己所热爱的田园生活中找到了精神归宿，他的诗歌也主要描写平淡自然、又寓有真意的田园生活。陶渊明的田园诗，开创了中国诗歌史上一个崭新的题材领域。他的田园诗，有表现归田后怡然自得的生活情趣的。《饮酒二十首》第五首的"结庐在人境，而无车马喧。问君何能尔，心远地自偏。采菊东篱下，悠然见南山。山气日夕佳，飞鸟相与还。此中有真意，欲辨已忘言。"诗人与物相亲为一、万物各得其所的自然意趣跃然

纸上。《读山海经十三首》其一："既耕亦已种，时还读我书。穷巷隔深辙，颇
回故人车。欢言酌春酒，摘我园中蔬。微雨从东来，好风与之俱。泛览周王
传，流观山海图。俯仰终宇宙，不乐复何如。"表现的则是耕种之余饮酒读
书的乐趣。也有表现躬耕感受的，如《归园田居五首》《庚戌年九月中于西
田获早稻》；也有咏怀、咏史，寄托对理想追求的。《杂诗》回忆少年的"猛
志"，叹息"日月掷人去，有志不获骋"；《咏贫士》以古代贫士"固穷节"自
勉；《咏荆轲》、《述酒》借史抒发自己的政治理想。而《桃花源诗》是他追求
的田园生活理想的集中和升华。

　　《桃花源诗并记》包括"记"和"诗"两部分。"记"以散文的形式记述
了桃花源的传闻故事，"诗"则以歌赞形式侧面介绍了桃花源社会的特点和性
质。诗的开头就以"嬴氏乱天记，贤者避其世"交代了桃源避世的背景，秦
始皇暴虐无道，贤者都入山隐居，过上自由的生活。"春蚕收长丝，秋熟靡王
税"，物产丰富，没有剥削和掠夺；"俎豆犹古法，衣裳无新制"，民风古朴，
无阶级差异；加之"芳草鲜美，落英缤纷"、"土地平旷、屋舍俨然"、"黄
发垂髫，并怡然自乐"的祥和气氛，展示了一个淳朴、安乐的乌托邦的理想
社会。

　　陶渊明的诗歌，语言平实质朴，多用散句，不加雕饰。如"种豆南山下，
草盛豆苗稀"；"方宅十余亩，草屋八九间"，平白如话。写景则饶有情趣，如
"蔼蔼堂前林，中夏贮清阴。凯风因时来，回飙开我襟"。陶渊明还酷爱描写
菊花、青松，自他描写的菊花后，菊花有了特定的象征意义。如《和郭主簿》：
"芳菊开林耀，青松冠岩列，怀此贞秀姿，卓为霜下杰。"而他写景，又意在
笔先，富有理趣。如《饮酒》第五首描写飞鸟结伴而还，在平实的描写之后，
点出"此中有真意，欲辩已忘言"，寓意于景，含而不露，显示出物我一体，
返朴归真的意趣。陶渊明诗歌的这些特点形成了陶诗自然平实又意味深长的
艺术风格。

　　陶诗的艺术风格在晋宋以后渐趋绮靡的诗风，以及当时流行的枯涩的玄
音诗中独树一帜。唐、宋以后，陶诗更倍受推崇和高度评价。而且自此以后，

更开辟了一个新的流派—田园诗派，在中国诗歌史上影响深远。历代"拟陶"、"和陶"的诗歌层出不穷。更者，陶渊明的孤高品格、"桃花源"的理想、诗意化的生活情趣，对后代的文人、士大夫都产生了极大的影响。

裴松之注《三国志》

宋文帝元嘉六年（429年）七月，宋史学家裴松之注《三国志》成书。

裴松之（372年—451年），河东闻喜（今属山西）人。曾任国子博士、永嘉太守等职。宋文帝元嘉六年（429年）任中书侍郎。他博学多才，尤好著述。鉴于西晋陈寿所著《三国志》内容简略，未附表和志，裴松之刚任中书侍郎，便奉旨为《三国志》作注。

裴松之的注文大约有类例四点："一曰：引诸家之论，以辨是非；一曰：参诸书之说，以核伪异；一曰：传所有之事，详其委曲；一曰：传所无之人，附以同类。"即以评论、纠谬、备异、补缺为宗旨，对原著明显错误予以纠正，对原著所述不尽合理之处予以辨明，同时补充大量史料。据粗略统计，裴注中引用魏晋著作达210多种，而且截取史料比较完整，注文条目多，文字总数也超出正文三倍。因此，尽管裴注存在许多缺点，如一些评论未尽妥当，但作为史料来说，不仅可以弥补《三国志》的简略，而且还保存了许多现在已佚书籍的一部或大部分，因而史料价值在陈寿原书之上。所以当裴注完成、宋文帝读罢后，不禁抚卷赞道："此为不朽矣！"（《宋书·裴松之传》），后世由此便有"读《三国志》不可不读裴注"的说法。

刘义庆编著《世说新语》

宋元嘉二十一年（444年），《世说新语》作者临川王刘义庆卒。

刘义庆（403年—444年），南朝宋小说家。彭城（今江苏徐州）人。刘宋王朝宗室，袭封临川王。曾任荆州刺史、江州刺史等职。《宋书·宗室传》说他"爱好文义"，"招聚文学之士，近远必至"。著有《徐州先贤传赞》、《典叙》及志怪小说《幽明录》等。他所编著的《世说新语》是魏晋轶事小说的集大成之作，有较高的认识价值和艺术成就，对后代文学的影响极大。《世说新语》通行本6卷，36篇。主要记载了汉至晋宋间一些名士的言行轶事。按内容分德行、语言、政事、文学、方正、雅量、识鉴等36门。所记人物均为历史上所实有，但他们的言行则有些出于传闻，不全为史实。其中不少篇幅系杂众书而成。从书中的某些分篇中不难看出刘义庆编著此书时的倾向性。如对《德行》《政事》《方正》《雅量》等篇中的人和事多持肯定态度；对《任诞》《简傲》《惑溺》等篇中的人和事则多持否定态度。大体说来，作者是以士族的道德标准来评价人物的。书中对汉末的一些名士作了赞颂；对魏晋清谈家，如乐

北魏画像出行图

广等人虽尚清谈却不违背名教而受赞赏，而对阮籍等因蔑视名教而被斥为"狂诞"；对一些历史人物，他虽不赞成，但对他们某些言行又持欣赏态度，比如对西晋末年"清谈误国"的王衍，作者对他不与人计较的"雅量"是欣赏的。

《世说新语》内容丰富，认识价值极高，从中可见到魏晋名士的种种形态；暴露出豪门士族的穷奢极欲和凶恶残忍，对司马氏的黑暗恐怖统治也有所揭露。书中也记载了一些爱国故事及不

北魏画像牛车图

畏权贵的人物。《世说新语》的艺术成就很高。其特点之一，是在短小的篇幅中，通过人物的片言只语和一二行为，生动地勾勒出人物的个性特征。如《忿狷》篇写王蓝田性急，吃鸡蛋时用筷子刺不破蛋壳发起火来，把鸡蛋扔在地上用脚踩仍然弄不破它，便恼怒地放在口中咬破后吐掉。通过几个小动作，寥寥数语把人物性急暴燥的特征表现出来，十分传神。其次是善于运用对比手法，突出人物性格。如《德行》篇写管宁割席的故事，通过管宁、华歆对待金钱、权贵的不同态度，揭示两人品格的优劣。篇幅不长，却有情节、动作，紧凑精彩。在语言方面往往直接使用当时的口语，不加雕饰；注意人物语言的个性化。如《尤悔》篇写桓温的卧语："作此寂寂，将为文、景所笑"，"既不能流芳后世，亦不足复遗臭万载耶？"完全是野心家的语言心态。《世说新语》的语言简约含蓄，隽永传神，耐人寻味。胡应麟说："读其语言，晋人

面目气韵恍然生动，而简约玄淡，真致不穷。"

《世说新语》是记载轶闻隽语的笔记小说的先驱，后世陆续出现了模仿之作。其中许多故事或成为后代文人骚客爱用的典故，或成为后代一些戏剧小说的创作素材，后来一些成语也出自此书。可见《世说新语》一书在我国文学史上地位之重要，影响之深远。

王俭上《七志》

北魏皇兴五年（471）皇兴造像

宋元徽元年（473年）八月，宋秘书丞王俭上奏所撰《七志》。

王俭（452年—489年），字仲宝，琅琊（今属山东）人。曾在刘宋及肖齐为官，官至中书监。为政之余，好儒学及图书目录之学。齐永明二年（484年）于自己住宅开学士馆，大兴儒学。一生著述甚多，有《古今丧服集记》、《元徽四部书目》等，其中以《七志》最为有名。

《七志》共40卷。依刘向《别录》之体，分图书为经籍、诸子、文翰、军事、阴阳、术艺、图谱7类，撰述题要。另附道、佛各1类。正文分类较刘歆《七略》谱图谱一类。每书题要下另录作者传记，开传录体书目之先例。以宗教文献附录亦属创举。

沈约著成《宋书》

　　齐永明六年（488年），沈约撰《宋书》纪、传成，并上奏朝廷。

　　《宋书》是记述南朝刘宋一代史事的纪传体史书。共100卷，包括本纪10卷、列传60卷、志30卷。南朝梁沈约撰。原书传至北宋时个别传文有散失，少数列传是后人取唐高峻《小史》、《南史》等补足卷数。记事起自东晋安帝义熙元年（405年），终于宋顺帝升明三年（479年）。

　　沈约（441年—513年），字休文。南朝梁吴兴武康（今浙江德清西）人。出身江南大族。历仕宋、齐、梁三朝，自称"少好百家之言，身为四代之史"。宋时官至尚书度支郎。齐时历任著作郎、中书郎、国子祭酒、南清河太守等。梁

北朝马洛子石造像

时历仕侍中、扬州大中正、尚书令等。20余岁时即开始撰述《晋书》，历时20余年而成。齐永明五年（487年）奉命撰《宋书》。

　　《宋书》以资料繁富著称，除记事外，还大量收录了当时的诏令、奏议、书札、文章等各种文献，虽嫌冗长繁杂，但却保存了许多原始史料。其八志内容，上溯三代秦汉，而尤详于魏晋，可补《三国志》等前史的缺漏。州郡志详细记述了南方地区自三国以来的历史沿革，以及东晋以来侨置州郡分布

情况和各州郡户籍数，律历志收录《景初历》、《元嘉历》和《大明历》的全文，礼志把郊祀天地、祭祖、朝会、舆服等合在一起，乐志收录了许多汉魏乐府诗篇，都反映了当时社会、政治、经济、文化、科技的实际情况。但《宋书》门类不全，缺食货、艺文等志，又因作者历仕宋、齐、梁三代，对于改朝换代的政治现象也多有曲饰不实之处。

文学家江淹逝世

墓表。墓表在石兽之后，是陵墓神道的标志，由柱础、槽柱、方版、束柱、盖盘和蹲兽几部分组成。方版上阴刻墓主的职位及姓氏。萧景墓表是南朝墓表中的精品。槽形柱身反映出融汇着西方文化的艺术特征。

梁天监四年（505年），文学家江淹逝世。

江淹（444年—505年），字文通，济阳考城（今河南兰考东）人。在梁代官至散骑常侍、左卫将军，封醴陵侯。他是南朝文学家，诗、赋、骈文都有一定的成就。晚年诗文无佳句，故有"江郎才尽"之说。

《别赋》是江淹的辞赋代表作之一，此赋善用华美辞藻，刻画各种不同类型人物的离情别绪，赋中写人物心理以细腻见长。如写"行子"的心情，通过描写景物来加以烘托，颇生动传神："是以行子肠断，百感凄恻。风萧萧而异响，云漫漫而奇色。舟凝滞于水滨，车逶迟于山侧。"此赋还列述了富贵者之别，剑客壮士之别、从军者母子之别、远赴绝域者之别、夫妇之别、游仙者之别和情人之别的离别情状，这种种别情各不相同，作者写来有声有色，细致入微，各具特色。

江淹的赋深受《楚辞》影响，同时也从鲍照等作家的作品中吸取了艺术技巧，他的赋擅长于刻画人物的内心活动，除上述的《别赋》外，他的《恨赋》也是脍炙人口的名篇。《恨赋》写的是人生苦短，志不获骋的感慨。其中写冯衍的怀才不遇和昭君的远嫁匈奴，尤为哀惋动人。江淹的诗古奥遒劲，与鲍照相近，有"江鲍"之说。江诗的意趣深远，在南朝齐梁诸家中更具特色。

江淹所作骈文多为应用文字，《狱中上建平王书》是江淹在狱中为申诉自己的冤愤而作，笔法近似汉邹阳的《狱中上梁王书》，有文学意味。他的散文《袁友人传》是悼念好友袁炳的文章，写得也相当有感情。另江淹在南齐初还曾奉命修史，作有《齐史》十志。

钟嵘作《诗品》

梁天监十七年（518年），梁西中郎将记室参军钟嵘撰成《诗品》。钟嵘（约468年—约518年）字仲伟，颍川长社人。萧齐时，官至司徒行参军。梁初，迁中军将军临川王（肖宏）行参军。本年选为西中郎将晋安王（肖纲）记室参军。不久卒于任。《诗品》是他的古代诗歌评论著作，以五言诗为主，把汉到梁著名的诗歌作家，区别等第，分成上中下三品，所以称为《诗品》。为中国第一部诗歌批评著作。

梁代时形式主义诗风已经发展得相当严重，钟嵘认为诗风的不振是那些"王公缙绅之士"造成的，这些"膏腴子弟"们"耻文不逮，终朝点缀，分夜呻吟"，结果是"独观谓为警策，众睹终沦平钝"（《诗品序》）。钟嵘对他们一味讲究用典故和拘忌于声律而忽视内容这两个倾向进行批判。他列举古今名

句，指责用典过多，造成大明、泰姑间"文章殆同书抄"的弊病；他反对过分讲究声律使"文多拘忌，伤其真美"。但他忽视了对声律的探讨可以使诗歌格律更为完整，钟嵘的批评不免偏激了。而他认为诗歌必须"清浊通流，口吻调利"的观点则是正确的。

钟嵘提出评价诗歌的标准，他认为诗歌要内容充实及文采华美，"干之以风力，润之以丹彩"。钟嵘认为在诗歌创作中，语言要流畅、含蓄，不要晦涩、浅露，使"味之者无极，闻之者动心"。钟嵘大力提倡五言诗，对五言诗的起源和发展作了探讨，虽有不恰当的地方，但这种论述为诗歌形式的历史发展，从理论上开辟了道路。钟嵘根据作家和作品的风格特点，对不同的艺术流派进行区分，对作家及作品也有一些精辟的见解。

虽然《诗品》存在不少缺点，但它仍然是中国文学理论批评史上的一部重要而有影响的著作。

文学家刘峻去世

梁普通二年（521年），著名文学家刘峻去世。刘峻（462年—521年）字孝标，平原人（今山东平原南）。终年63岁。

刘峻幼年的时候，乡里沦陷，他被人掳掠卖作奴隶。中山富豪刘实很同情他，将他赎出，并让他读书。齐永明年间他从北方回到南方，在齐、梁两朝都做过小官，很不得意，后来干脆弃官不做，到东阳隐居。刘峻酷爱读书，常常废寝忘食，当时的人把他叫做"书淫"。刘峻博览群书，很有文才，勤于著述。他写的《广绝交论》《辨命论》《自序》等，被当时文人学者看重，广为流行传诵。刘峻曾经编撰《类苑》120卷；他还为《世说新语）作注。刘峻有《刘户曹集》辑本6卷，文笔华美流畅，议论精辟，自成一家。

刘峻的文章在南朝作家中颇有特色，其代表作《广绝交论》，是有感于任昉事而作。任昉生前常吸引士大夫，死后其子贫困，而当年的友人却很少照顾，刘峻极为悲愤，作《广绝交论》加以揭露和鞭挞。他把世上虚伪的交谊分为五类："势交"（依附有权有势的人）；"贿交"（趋奉有钱人）；"谈交"（结交有名的人希求称誉）；"穷交"（彼此不得志，互相利用，一旦得志便忘了交情）；"量交"（考虑和对方结交，可以得到好处）。并一一作了描绘与讨伐。如写到"量交"时，就形容那些热衷势利的人，对有道德之人反而"视若游尘，遇同土梗"；而对于品质卑劣之人，只要对自己有利，不惜"匍匐逶迤，折枝舐痔，金膏翠羽将其意，脂韦便辟导其诚"。他对世态的揭露已不仅仅局限于任昉生前的一些友人，而是涉及了整个封建士大夫阶层的心理状态和道德面貌。他呼出了"世路险巇，一至于此"！具有魏晋愤世疾俗之风，成为南朝骈文中的杰作。

《文选》编者梁太子萧统早逝

梁中大通三年（531年）四月六日，梁东宫太子、著名文学家萧统卒，年仅30岁。

萧统（501年—531年），字德施，梁武帝太子。未即位而卒，谥号昭明。所以也称他编选的《文选》为《昭明文选》。

梁代时出现了很多作家和作品，中国文学史上各种文学形式进一步发展并且走向成熟定型，文学概念的探讨和文学体制的辨析渐渐精密。文学创作的积累，文体的日益多样化和文学批评的发展，使诗、文的选本也应运而生，现在所能看到的最早也是影响最大的文学总集，就是《文选》。

《文选》一共30卷，收集作家130家，作品514题。编排的标准是"凡次文之体，各以汇聚。诗赋体既不一，又以类分。类分之中，各以时代相次"，把文学作品分为赋、诗、杂文3大类，又分列赋：诗、骚、七、诏、

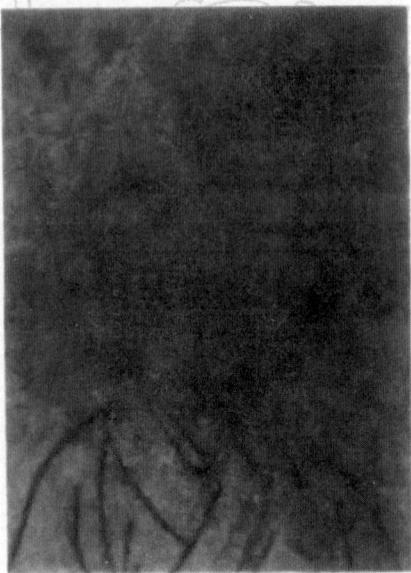
梁太子萧统

册、令、教等 38 小类。其中，赋、诗的数量最多。《文选》选录的标准，以著名作家的名篇为主。

萧统的创作观点是"诗者，盖志之所之也，情动于中而形于言"。（《文选序》）。他认为客观事物是"情动于中"的原因，在文学的内容与形式关系上，他主张文质并重，《答湘东王书》中说"夫文典则累野，丽亦伤浮，能丽而不浮，典而不野，文质彬彬，有君子之致"。

萧统在研究文学的范围和作用时，划分了文学与非文学的界线。"经书"、"子书"和历史著作没有收录，《文选》把它们划为非文学范畴，但史传中的赞论序述部分却可以入选，因为它们是"综辑辞采"、"错比文华"之作，合乎选录标准。由于受当时绮靡文风的影响，他认为文学作品应是"事出于沈思，义归乎翰藻"之作，内容要求典雅，形式要求华丽。正是由于他对文学作品的要求只是用典故恰当和辞藻华美，所以他不注重文学作品的作用。

萧统注意文学作品的内容充实，对六朝时盛行的那些内容空虚的艳体诗与咏物诗，摒而不取。虽然由于他过分强调形式华丽而遗漏了一些好作品，但收录的文学作品，大都比较精。《文选》用 30 卷的篇幅，概括了当时各种文体发展的大致轮廓和代表作品，是后人研究先秦至梁代初叶这七八百年的文学发展史的重要资料。

《七录》作者阮孝绪去世

梁大同二年（536年），著名的目录学家、《七录》作者阮孝绪去世。

阮孝绪（479年—536年）字士宗，陈留尉氏（今属河南）人。他厌恶功名，一生不做官，唯好读书。13岁时，他已经遍诵五经；成年后，他更是读书成癖，足不出户。阮孝绪清高自许，从不与权贵打交道。他有个亲戚王晏身份贵显，几次到他家里来，他都"穿篱逃匿"。后来王晏有罪当诛，阮孝绪却得到了豁免。他姐姐做了鄱阳王的王妃，鄱阳王几次到他家造访，他"亦凿垣逃"，回避不见。等到他母亲病了，也不用人去叫，自己走了回来。孝敬父母，阮孝绪是有口皆碑的。

阮孝绪博采宋齐以来图书记录，总结前人的目录学成就，仿《七略》、《七志》撰写了《七录》。这本书分内外二篇，又细分为55部，收书6288种，共44526卷，是中国古目录学的名著，在中国图书分类目录学史上有重要地位。

《南齐书》作者萧子显去世

梁大同三年（537年），萧子显被授仁威将军、吴兴太守，他到郡不久，患疾而终，年49岁。

萧子显（489年—537年）是梁朝著名的史学家，字景阳，南兰陵（今江苏常州西北）人，齐高帝萧道成之孙。他的父亲萧嶷，受封豫章王。虽然生长于帝王之家，萧子显却无治国安邦之志，在改朝易代频繁的南朝，这无疑是一大幸事。子显兄弟16人都不问政治，因而齐梁易代之际，都幸得保全。萧子显长得容貌俊伟，风流倜傥，并且不似当时的士族子弟只知吃喝玩乐，他非常好学，文学功底深厚，写得一手好文章。他写过一篇文章叫《鸿序赋》，尚书令沈约认为"得明道之高致，幽通之流"。梁武帝很欣赏他的人品才华，慢慢将他升到了吏部尚书、侍中。

萧子显的主要成就在史学方面。他将流行的各家《后汉书》汇于一处，撰写了《后汉书》一百卷以及《普通北伐记》等，现在都已佚失。他还根据齐檀超、江淹等修的"国史"，参照沈约的《齐纪》、吴均的《齐春秋》等书，撰写了《齐书》六十卷，今称之为《南齐书》。《南齐书》的体例和《宋书》很相似，志传名目稍微有些变动，内容丰富，文笔流畅，简练隽永。其中州郡志每州之下都叙述地理建置沿革，简述风土人情，有较高史料价值，《南齐书》幸臣传反映了宋齐时皇帝重用寒庶掌握机要这一社会政治现象是史无前例的，魏虏传虽记载有传闻失实之处，但也有北人所撰北朝史书中所没有的资料。不过，萧子显在著作中对他的祖父及父亲未免有些护短滥颂，使史书逊色。

陆法言编《切韵》

隋代音韵学家陆法言于601年编成著名韵书《切韵》。陆法言是河北临漳人，相传他年轻时与刘臻、肖该、颜之推等8人讨论音韵，并由此编著成《切韵》一书。当时，陆氏家族为隋朝所不容，《切韵》只是私家著述。但因为《切韵》吸取了以前诸家韵书的长处，形成了一套比较科学的音韵体系，容易为人接受，故唐以后广泛流行。到宋代，《切韵》的增订本《广韵》更是成为国家规定考试的标准。

《切韵》收11500字，全书5卷，共分193韵。分韵的标准除了韵母的差异外，还考虑到声调因素，同一个韵母，声调不同也分成不同的韵。193韵的分配是平声54韵，上声51韵，去声56韵，入声32韵。

各韵之内的字按同音关系分成小组，这种小组后来通称小韵，小韵首字下用反切注出本小韵的读音和本小韵的字数。字的训释简略，常用字大多不加训释。

《切韵》原书已经失传，后世编写的不少增订本则流传至今。增订本增订的主要内容是加字、加注，目的在于增强《切韵》的字典作用，而韵数和反切也略有变动。

现存《切韵》完整增订本只有两个，一是王仁《刊谬补缺切韵》，一是北宋陈彭年等编的《大宋重修广韵》。

隋代张通妻陶贵墓志

《切韵》分韵在诸家韵书中最为精密，问世不久就在韵书中取得了权威地位，唐初被定为官韵，影响历久不衰，数百年间增订本层出不穷，而其他韵书则湮没殆尽。

各代的流传与增订，使《切韵》成为一部能把自己的语音系统完整流传至今的最早韵书。

《周书》撰成

《周书》记述了北朝宇文周一代史事，为纪传体史书。共50卷，包括本纪8卷、列传42卷，无表志，约50万字。唐令狐德撰。

令狐德（583 年—666 年），唐宜州华原（今陕西耀县）人，关陇贵族；随李渊建唐，曾任起居舍人、秘书丞、礼部侍郎、太常卿，官至国子监祭酒、弘文馆学士；唐初颇有文名，曾多次参加官书的编写工作。贞观三年（629 年），令狐德奉诏主编《周书》，贞观十年（636 年）书成。

《周书》主要取材于西魏史官之国史《宇文周书》和隋朝牛弘所撰《周史》，旁及其他资料。《周书》记载了魏文帝大统元年（535 年）至北周静帝大定元年（581 年）间西魏 22 年和北周 25 年的史事，是研究北朝魏、周史的基本史料之一。本纪部分记述了南北朝诸政权变易情况，较《北史》条理清晰；列传部分标题只有皇后、儒林、孝义、艺术、异域五种，较简明；又别记后梁萧及其臣属 26 人事迹为一传，铨配较当，为《梁书》所不及。书中总叙八柱国十二大将军，保存了军事制度史方面的原始资料。苏弹传后录 6 条诏书和《大诰》，可考察一代创制原委。异域传记载少数民族及中外交通与商贸，特别是突厥历史首见于此传，较具史料价值。

《周书》叙事繁简得宜，但亦有叙事失实及编次不当、曲笔虚美之处，叙事纪言，也往往过于文雅，华而不实，不能恰当反映北周当时的风气，因而刘知几在《史通》中多处对其进行了批评。《周书》至宋初已残缺。

王绩《野望》显示唐律诗成熟

王绩（585 年—644 年），字无功，号东皋子。绛州龙门（今山西河津）人。初唐诗人。隋大业（605 年—616 年）中举孝悌廉洁科，授秘书省正字。出为六合县丞。因嗜酒被劾去职。唐初待诏门下省，一度为太乐丞。不久，即归隐。他的诗多以山水田园为题材，其中透露出一种保全自身的避世思想，也往往寓有抑郁不平的感慨。他的诗摆脱了唐初浮靡的诗风，对唐代五言律诗的形成也有一定的贡献。

《野望》诗是早期出现的成熟的五言律诗之一，是王绩的传诵之作。这首诗描写秋原景物，反映了诗人孤独忧郁的心情。诗的开始两句"东皋薄暮望，徙倚欲何依"，指出诗人是在夕阳黄昏的"薄暮"中"野望"，眼前是一片苍茫的暮景，恰好与他彷徨消极的心情相协调。接着四句"树树皆秋色，山山唯落晖。牧人驱犊返，猎马带禽归"，具体描写野望之所见。只见所有的树木都凋残枯黄了，一座座山峰都覆盖着落日的余晖，自然景物是衰败暗淡的。牧人和猎马也都返回了自己的家园，更衬托出诗人的孤独之感。最后诗人又"相顾无相识"，所以

《灞桥风雪图轴》。明吴伟绘。唐长安县东（今西安市东）的灞桥，是唐人送客留步处，折柳赠别，至此黯然，故又名销魂桥。"灞桥折柳"曲故与"灞柳风雪"，成了唐以来文人墨客寄托惜别之情的绝佳题材。

便只好"长歌怀采薇"来作为自己的精神寄托了。

这首诗借景抒情，质朴自然，洗尽了宫体诗的浮华和淫艳的风气，这在初唐十分可贵。初唐时律诗尚未完全定型，不合律的情况时有所见，而此诗却比较规范，是一首比较成熟的五律，对偶工整妥帖，但又自然而不呆板。因而此诗对唐代五言律诗的形成具有一定的影响。

李百药撰《北齐书》

《北齐书》为记述北朝高齐一代史事的纪传体史书。原名《齐书》，宋代始加北字，以示与萧子显的《南齐书》相区别。《北齐书》为唐太宗贞观年间

诏修的五代史之一，李百药撰。李百药（565年—648年），字重规，定州安平（今属河北）人。隋时，历任太子舍人兼东宫学士、礼部员外郎等；入唐后，官至中书舍人、散骑常侍。

唐贞观元年（627年），李百药奉诏撰齐书，在其父所编《齐书》旧稿的基础上，又参采隋王劭《齐志》及其他书籍，加以增删改写，于贞观十年（636年）撰成《北齐书》50卷，包括本纪8卷，列传42卷，无表志。

《北齐书》记载了东魏建国、北齐伐东魏至北齐为北周所灭这一时期（534年—577年）共44年史事。该书至北宋时仅剩残卷共17卷。其余部分，乃是后人据李延寿《北史》和高峻《高氏小史》等唐人著作补缀而成。本书由众手辑他书补缀而成，体例不纯，记事亦互有矛盾，只是由前人所撰之北齐史书多已佚失，现在所存唯此书，因而该书对保存北齐史料有一定的作用。

李白出京·遭到流放

李白离开长安后的11年中，继续在黄河、长江的中下游地区漫游。

在许氏夫人死后，李白又续娶宗氏于梁园，并以梁园、东鲁为中心北游燕赵，南游广陵，往来于宣城、金陵等地，生活非常放浪豪宕，浮生若梦、及时行乐的思想也有所发展。但他的心情始终是不平衡的，不少诗作都表现出壮志难酬的悲愤惆怅，《将进酒》《宣州谢朓楼饯别校书叔云》都展现了他矛盾痛苦的内心世界。《梦游天姥吟留别》则明确表示诗人寄情山水、向往神仙境界的目的正是因为不愿"摧眉折腰事权贵"，放弃自己的自由和尊严。这个时期，李白从宫廷走到民间，对社会现象也看得更为清楚。《战城南》《答王十二寒夜独酌有怀》都从各个方面深刻揭露了现实政治的黑暗与腐败。对黑暗现实的不屈服、不妥协的叛逆精神仍是这一时期创作的基调，其中也掺杂了一些消极颓废的思想。

五代周文矩《文苑图》。此图绘四文士相聚吟诵属文之状。令人依稀可见唐代文人雅集的情景。

天宝十四年（755 年），安史之乱爆发，当时李白正隐居庐山，见到国家动乱，生灵涂炭的惨象，诗人内心无比痛苦，希望能有机会为国家平叛立功。不久，玄宗第十六子永王李璘由江陵率师东下，路经庐山，征召李白参加幕府。可是永王却被肃宗所忌，恐怕他一旦成功，会夺去皇位，至德二年（757年），李璘为肃宗追讨死于乱兵中，李白也以从逆罪下浔阳（今九江）狱，不久，流放夜郎（今贵州桐梓一带）。幸而途中遇到大赦，得以东归。此时李白已 59 岁。

从告别长安到流放东归，这一段时期李白的代表作有安史之乱以前的《梦游天姥吟留别》、《战城南》、《答王十二寒夜独酌有怀》、《将进酒》、《宣州谢朓楼饯别校书叔云》等。安史之乱后有《古风·西上莲花山》、《永王东巡歌》、《卢山遥寄卢传御虚舟》等。

作为一个感情充沛的主观诗人，在他内心往往积蓄着深厚、强烈的感情，一遇外界契机触动，发而为诗，便如山洪爆发，喷涌而出，一气直下。

如《宣州谢朓楼饯别校书叔云》:"弃我去者,昨日之日不可留;乱我心者,今日之日多烦忧。长风万里送秋雁,对此可以酣高楼。蓬莱文章建安骨,中间小谢又清发。俱怀逸兴壮思飞,欲上青天揽明月。抽刀断水水更流,举杯消愁愁复愁。人生在世不称意,明朝散发弄扁舟。"又如《将进酒》:"君不见黄河之水天上来,奔流到海不复回;君不见高堂明镜悲白发,朝如青丝暮成雪。人生得意须尽欢,莫使金樽空对月。天生我材必有用,千金散尽还复来。……"这两首诗都是在一开始,郁积在诗人心中的炽烈感情就喷涌而出,"如虬飞蠖动,起雷霆于指顾之间"(沈德潜《唐诗别裁》),形成一种排山倒海、先声夺人的气势。接下来,诗中一连串感情抒发都是那样痛快淋漓,略无滞碍,如同大河奔流,一泻千里。诗人崇高的人品和理想与黑暗的社会现实发生了强烈的冲突,这不能不使他"万愤结缉,忧从中催"(《上崔相百忧章》),激起一阵阵难以抑制的悲愤不平。然而,尽管诗人一再感叹"但愿长醉不愿醒"、"古来圣贤皆寂寞"、"人生在世不称意,明朝散发弄扁舟",似乎悲观失望之极,但诗中直抒胸臆、一吐为快的抒情方式却使人读后并不感到沮丧压抑,相反还使人感到精神畅快,一吐胸中抑塞之气。李白诗多言穷愁失意,然极少塞促寒苦之态,这固然有他性格豪放豁达、诗歌形象瑰奇多姿的因素,但这种鼓荡气势、直率迸进、毫不掩抑收敛的抒情方式,无疑也是一个重要原因。清人赵翼在《瓯北诗话》中说李白诗歌"自有天马行空不可羁勒之势",所指出的也正是这种抒情方式的艺术体现。

王维作《阳关三叠》

唐代诗歌兴盛，人们往往把一些著名绝句谱成曲调，反复咏唱。根据王维诗句所作的《阳关三叠》就是其中之一。

王维是唐代著名诗人。早年有济世之志，曾出使边塞。中年以后，因政局变化及受佛教禅宗思想的影响，开始过着半官半隐的生活。王维前期写过一些以边塞为题材的诗篇，但其作品最主要的是山水诗。诗词构思精巧，音韵和谐，艺术上极见功力。

《阳关三叠》是唐代很流行的一首歌曲，它取材于王维的七言绝句《送元二使安西》："渭城朝雨浥轻尘，客舍青青柳色新。劝君更尽一杯酒，西出阳关无故人。"因诗中有"渭城"和"阳关"，故亦称《渭城曲》或《阳关曲》。当时社会上流行《伊州》大曲，该曲歌词多采用五言、七言绝句或截取律诗的四句，配以管、琴乐器伴奏、以反复咏唱的叠唱方法，尽情发挥诗中意趣。《阳关三叠》就是在《送元二使安西》绝句基础上，谱以《伊州》大曲而成。歌曲悲惋凄切、和缓幽扬，是唐诗和唐曲结合的典范。《阳关三叠》就是3次叠唱之意。白居易在《南园小乐》中曾提到"高调管色吹银字，慢拽歌词唱《渭城》"。可见此歌在社会上流传之广。元代以前，该歌乐谱佚失不存；明代初年龚稽古所编《浙音释字琴谱》收有《阳关三叠》琴曲谱，为所见最早的谱本。现今经常演奏之《阳关三叠》，出自清末张鹤所编《琴学入门》。

王维《辋川集》代表盛唐山水田园诗派

上元二年（761年），唐代著名诗人、画家王维去世，终年61岁。

王维（？—761年），字摩诘，祖籍太原祁县（今山西祁县），后随父迁居蒲州（今山西永济）。开元九年（721年）高中进士。开元二十二年张九龄为中书令时，王维被擢升为右拾遗。安史之乱爆发后，王维被叛军所俘，曾受伪职。唐军收复长安后，他被贬为太子中允，官至尚书右丞，世称王右丞。王维晚年笃志奉佛，退朝后，隐居终南山辋川别墅，焚香禅诵。王维的前期思想比较积极，其诗也反映了盛唐时代蓬勃向上的进取精神；后期思想则较消沉，寄情山水，遁入空门，以田园山水诗为多。

他的诗在其生前以及后世，都享有盛名，史称其"名盛于开元、天宝间，豪英贵人虚左以迎，宁、薛诸王待若师友"（《新唐书》本传）。王维多才多艺，精通音乐、书画，明代董其昌推崇他为南宗山水画的开创者。唐代宗时，其弟王缙辑录其诗400多篇，编为10卷，清人赵殿成也著有《王右丞集笺注》，并附以年谱。

宋代刻本《王摩诘文集》

王维是盛唐时期著名的诗人，他的山水田园诗对唐诗发展作出了

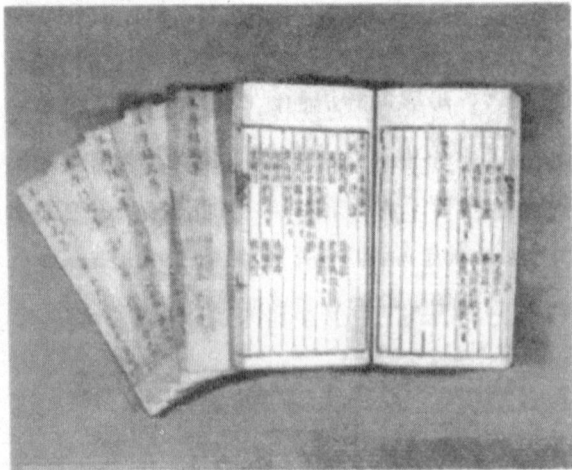

重要贡献。

盛唐时，王维在初唐诗人宋之问辋川山庄的基础上营建园林，因其位于辋川山谷（今陕西兰田西南），故称"辋川别业"。他曾与友人裴迪在山明水秀的辋川赋诗唱和，为辋川二十景各写一诗，结为《辋川集》。王维《辋川集》中的诗作空灵隽永，如精致的绘画小幅。

王维是中国封建社会既清高又软弱的士大夫典型，他既不满于社会现实，又不敢进行抗争，只能洁身自好，过着亦官亦隐的田园生活。他既没有李白的叛逆精神，

传为唐代王维作《雪溪图》

也缺乏杜甫忧国忧民的襟怀。他一生创作了许多田园山水诗，代表了盛唐山水诗的最高成就。

苏轼在《书摩诘蓝田烟雨图》中说："味摩诘之诗，诗中有画，观摩诘之画，画中有诗。""诗中有画"正是王维山水诗最突出的艺术特色，意即用文字的描绘来代替色彩线条，展现出具有诗意的画面，使诗情和画意达到高度统一。他的诗中较少使用"怜""爱"等纯主观的词语，而是再现一幅幅客观的画面，化景物为情思，使诗意透过画面自然流淌。

王维善于用清新的笔调、匀润的色彩细致入微地描绘山水田园中清灵、优美的意境，并表现自己怡情其中的不尽乐趣。如《白石滩》："清浅白石滩，绿葵向堪把。家住水东西，浣溪明月下。"描写少女月下浣沙的情景，青嫩的

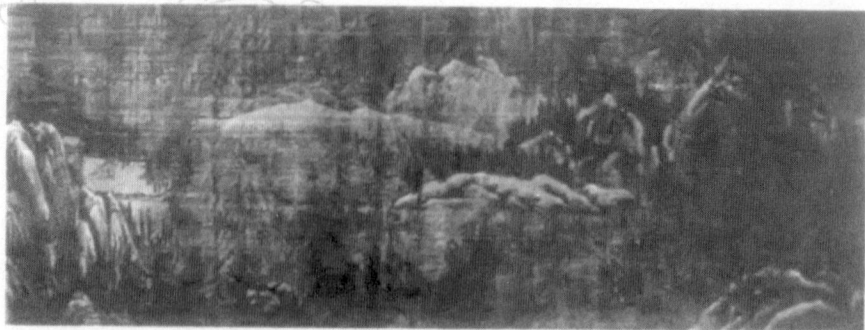

传为唐代王维作《雪景图》

绿葵、银色的月光、透明的轻纱、清浅的溪水，构成一幅色泽柔美、生机盎然的图画。而《木兰柴》："秋山敛余照，飞鸟逐前侣；彩翠时分明，夕岚无处所。"又将秋日傍晚夕照与飞鸟交相辉映、动静结合的美景表现出来，非常动人。但王维的创作并不仅仅着眼于形似，而是追求一种传神的艺术效果，他的诗不仅形象生动鲜明，而且善于传达出只可意会的山水精神气象。如《鹿柴》"空山不见人，但闻人语响"以空旷的山谷中回响的人声衬托出空山的寂静，耐人寻味。

由于母亲的影响，王维从小就有着崇佛思想。中年后，更将自己的身心沉浸在佛教的精神王国中以求得超脱。佛教中有通过"禅定"的方式来体悟佛理的做法，要求人们摒弃尘念，浑然忘我，久而久之，即可达到身心安适自如、观照明净的状态。由于王维的心境极为淡泊、虚静，所以对自然山水最神奇、最微妙的动人之处，往往有种特别的会心。当他把这种领悟通过诗歌表现出来，就呈现出一种空灵清静的禅悦之境。如"木末芙蓉花，山中发红萼。涧户寂无人，纷纷开且落"(《辛夷坞》)。"人闲桂花落，夜静春山空。月出惊山鸟，时鸣春涧中"(《鸟鸣涧》)。在深山中、幽涧旁，诗人全身心都融入花草山水的自然状况中，在勃勃生机之下隐藏着情感的孤寂和清冷。

唐代大诗人李白醉逝

宝应元年（762年），唐代大诗人李白逝世，享年62岁。

安史之乱爆发后，李白怀着消灭叛乱、恢复国家统一的志愿，进入永王璘幕府随军东下。至德二年（757年）永王叛败被杀，李白也因此流放到夜郎（今湖南沅江），幸而中途遇赦得以东归，时已59岁。上元二年（761年），李白准备随李光弼追击史朝义，因病中途返回。第二年他在其堂叔当涂（今属安徽）家中因饮酒过度醉逝。李白是继屈原后我国古代最伟大的浪漫主义诗人，他与杜甫等人共同推进并完成了陈子昂所开创的诗歌革新运动，影响深远。现存诗900余首、散文60多篇，均收入宋代宋敏求所编的《李太白全集》（30卷）中。李白的诗"清水出芙蓉，天然去雕饰"，感情真挚热情奔放，想象力丰富，语言朴素优美，形式变幻多样，真可谓"笔落惊风雨，诗成泣鬼神"。

宋代刻本《李太白文集》

崔颢作《黄鹤楼》

崔颢（约704年—754年），唐代诗人。字号不详。汴州（今河南开封）人。开元十年（或十一年）进士，天宝中任太仆寺卿。《全唐诗》录有他的《崔颢诗集》1卷，存诗40多首，其中以《黄鹤楼》最为有名。

《黄鹤楼图轴》。长江边上的黄鹤楼，曾经留下了诗人崔颢的吟唱："故人西辞黄鹤楼，烟花三月下扬州……"图为明人安正文绘黄鹤楼图轴。

《黄鹤楼》是一首七律诗。诗人在诗中以有关仙人乘黄鹤的传说及现实中的黄鹤四周的景色为题材，抒发了吊古怀乡之情。"白云千载空悠悠"和"烟波江上使人愁"两句，前者写盼鹤不见引起的愁绪，后句则写思乡不见而引起的苦闷。尽管涵义不同，但表现出的形态特征却完全相同：一样的惆怅，一样的茫然，一样的沉重。这两种不同的情感在诗中融合一体，起到了互相照应、互相衬托的作用。

在写法上，全诗采用远近结合、虚实结合、情景结合的手法，如几度出现虚幻和想象中的景物：昔人乘鹤、日暮乡关等，而实景更多：白云、烟波、晴川……亦虚亦实，虚实相间，使人目不暇接，浮想联翩。诗人将思想感情全部融入了这些景物之中，悠悠白云凝结着诗人因鹤去楼空而生的惆怅之情，江上烟波则笼罩出他思念故乡而乡土不见的忧愁。它们是景语，也是情感的流露，如此达到了情景交融的地步。相传李白读后大为佩服，叹道："眼前有景道不得，崔颢题诗在上头。"严羽《沧浪诗话》说："唐人七言律诗，当以崔颢《黄鹤楼》为第一。"沈德潜在《唐诗别裁》中也写到："意得象先，神行语外；纵笔写去，遂擅千古之奇。"

张志和作《渔歌子》

张志和，唐代词人，原名龟龄，字子同，自号玄真子，婺州（今浙江金华）人。生卒年月不详。他自幼聪明好学，年纪不大就明经及第。唐肃宗即位后，因向肃宗献策，被授予左金吾卫录事参军，赐名"志和"。后因事遭贬，不再复出，到处漂泊，四海为家。著有《玄真子》12卷和《述大易》15卷，均已散佚。他的词仅存《渔歌子》5首。

《渔歌子》即《渔父》，是一组题咏渔父词的名作。这组歌词共5首，并非一时一地之作。它们之中有的写于湖南洞庭湖畔，有的则是词人在浙江境内的写照。而其中最为人传诵的第一首词"西塞山前白鹭飞"不论在季节、地点上都与其它几首有差异，内容和艺术上也都高于其他各篇，堪称《渔歌子》词的压卷之作。

这首词从景物描写入手，"西塞山前白鹭飞，桃花流水鳜鱼肥。"春到西塞山，飞翔的白鹭、盛开的桃花、欢跃的鳜鱼，一股清新之气扑面而来。"青箬笠，绿蓑衣，斜风细雨不须归。"写渔父头戴斗笠，身披蓑衣，在绵绵春雨中悠然垂钓，心境淡泊而宁静，寄寓了士大夫隐逸山水的情趣。

《渔歌子》问世后，许多诗人争相唱和、仿作，一时"和《渔歌子》者无

算"(《竹坡诗话》），甚至东传日本，为嵯峨天皇和宫廷贵族所唱和。宋代苏轼也曾将词意化用入《浣溪沙》和《鹧鸪天》中。

皎然著《诗式》

皎然是唐代诗僧。生卒年不详。俗姓谢，字清昼，吴兴（今属浙江）人。南朝谢灵运十世孙。活动于大历贞元年间。《诗式》为其诗论专著，是当时诗格一类作品中较有价值的一部。

书中对沈约"酷裁八病，碎用四声，故风雅殆尽"的声病说进行了批判；并崇尚谢灵运"真于情性，尚于作用，不顾词采，而风流自然"的作风；但也注重苦思锻炼："取境之时，须至难至险，始见奇句；成篇之后，观其气貌，有似等闲，不思而得，此高手也。"他谈诗有七至："至险而不僻，至奇而不差，至丽而自然，至苦而无迹，至近而意远，至放而不迂，至而状易。"主张自然与功力的结合，具有一定的辩证因素。另外他还主张继承与革新相结合，认为："作者须知复变之道，反古曰复，不带曰变。"并论出了诗歌具形象思维特征的表现手法："取象曰比，取义曰兴，义即象下之意。凡禽宣草木人物名数，万象之中义类用者，尽义比兴。"他在谈各种风格意境时说明，首先标取境"高"、"逸"，最后说："静，非如松风不动，林狖未鸣，乃谓意中之静。远，非如渺渺望水，杳杳看山，乃谓意中之远。"《二十四诗品》颇受此种艺术旨趣的影响。

《唐六典》。记一代典章制度的专史称"会典"。

唐六屏式仕女。此画作六屏式，每幅以红框相隔，自成画面，但彼此又似乎有呼应。

皎然的论诗著作还有《诗议》和《诗评》，但分量均不及《诗式》，但有些论述颇值得留意。《诗议》说："境象非一，虚实明。"认为"可睹而不可取，景也；可闻而不可见，风也；虽系乎我形而妙用无体，心也；义贯众象而无定质，色也。"宋代严羽的"空中之音，相中之色"说显然沿此线索而下。

《诗式》流传有 1 卷本与 5 卷本两种，《历代诗话》所收为 1 卷本。《诗议》、《诗评》有《诗学指南本》。

白居易作《长恨歌》《琵琶行》

元和十年（815 年）白居易被贬为江州司马，这是他人生的一个转折点。表面原因是白居易越职奏事，率先上书请捕刺杀宰相武元衡的凶手，得罪了当朝权贵，实际上真正的根源在于他平日所作的讽喻诗招致了当权者的忌恨，故借此机会打击报复。对此，白居易自言："始得名于文章，终得罪于文章。"

江州之贬使白居易"换尽旧心肠""兼济天下"的胸怀让位于"独善其身"的打算。他自责"三十气太壮，胸中多是非"，转而力求做到"面上灭除忧喜色，胸中消尽是非心"。他不愿再过问政治，但也没有辞官，而是选择了一条"吏隐"之道：挂一闲职，以诗、酒、禅、游自娱。即使后来奉召还京，

《琵琶行图轴》。唐代诗人白居
易（772年—846年）由长安被贬到
九江途中，在船上倾听一位长安故
妓弹奏琵琶，有感而作《琵琶行》。
图为明郭诩绘《琵琶行图轴》。

为避开朝中朋党倾轧的恶劣政治环境，白居易还是请求放外任，以地方官为隐，远嫌避祸。在任杭州刺史和苏州刺史后，他又"求致身散地"，以太子宾客分司东都，在洛阳过着"似出复似处"的晚年生活。

与这一时期明哲保身、与世无忤的生活相适应，白居易此时所作多为描写闲静恬淡境界、抒发个人情感的闲适诗和感伤诗。他对这两类诗作了说明："又或退公独处，或移病闲居，知足保和，吟玩情性者……谓之闲适诗。又有事物牵于外，情理动于内，随感遇而形于叹咏者……谓之感伤诗"（《与元九书》）。由此可见这两类诗的特点。

白居易的闲适诗受到陶渊明、韦应物的影响，表现了对田园归隐生活的向往和洁身自好的志趣，不时还流露出十分知足、乐天安命的消极情绪。但也有一些较好的篇章，如《观稼》写道："饱食无所劳，何殊卫人鹤"，对自己的闲适感到内疚；《自题写真）道："况复刚狷性，难与世同尘。不唯排贵相，但恐出祸因"，从侧面反映出对现实的不满和走向闲适的无奈。他的闲适诗中还有一些描写田园风光和自然景物的佳作，如《田园三首》等。

白居易的感伤诗最出色的是长篇叙事诗《长恨歌》和《琵琶行》。前者为早年（元和元年）所作；后者便是外迁这一阶段的作品。这两首诗均达到很高的思想艺术水平，长期在人民中广泛流传。这一时期白居易还写了不少亲朋间酬赠往来的篇章，如《别舍弟后月夜》《江南遇天宝乐叟》等，感今伤昔，叹老嗟病，有浓厚感伤色彩。

白居易在内外迁调的时期虽然以"独善其身"为处世原则，但他的兼济之志并未完全消失，转而表现在力所能及的情况下为人民做好事。在杭州时，他主持修筑湖堤、疏浚水井，造福百姓；离开苏州时，人们泣涕相送，依依不舍。作为一个现实主义诗人，白居易始终心系民间疾苦。

白居易作《与元九书》

白居易不仅以丰富的现实主义诗作推动了新乐府运动的发展，而且在诗歌理论方面为诗坛作出了独特的贡献。

在给好友元稹的书信《与元九书》中，白居易评点了前人和同时代人讨论中的进步因素，结合个人的创作经验，提出了现实主义诗歌的理论纲领；在《读张籍古乐府》、《新乐府序》、《策林》六十八、六十九等诗文中，亦反复阐述了新乐府运动的理论主张，形成一整套现实主义诗论。

白居易将诗歌的特殊教化作用放在首位，要求诗歌为政治服务，抨击社会弊端。《与元九书》说："文章合为时而著，歌诗合为事而作""上以补察时政，下以泄导人情"，强调了诗歌的批判现实功能和政治讽喻作用。针对当时的社会特点，他特别重视"为民"，认为诗歌应反映人民疾苦，"唯歌生民病"（《寄唐生》），"为君、为臣、为民、为物、为事而作，不为文而作"（《新乐府序》）。将诗歌与政治及人民生活紧密结合，是白居易诗论的核心，在此之前，没有人如此明确地提出这一点。

他在《与元九书》中彻底否定了六朝以来那种"嘲风雪、开花草"的绮靡颓废之风，自述"自登朝来，年齿渐长，阅事渐多，每与人言，多询时

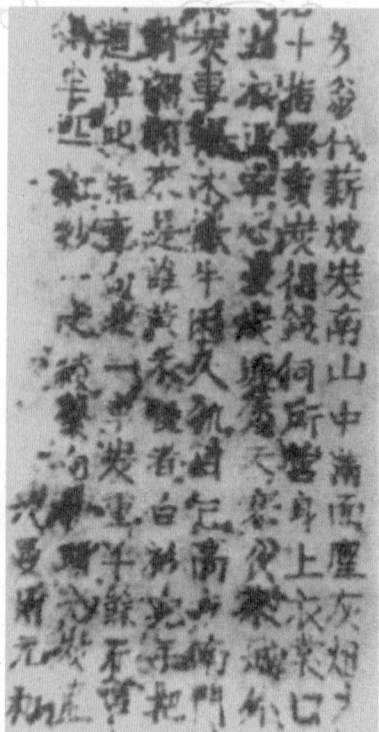

白居易《卖炭翁》诗拓片，新疆若羌县米兰故城出土。

务"。由此可见白居易注重从现实生活中汲取创作源泉。《策林》之六十九也说："大凡人之感于事，则必动于情，然后兴于嗟叹，发于吟咏，而形于诗歌矣"，阐明了诗歌与生活的关系。

在诗歌的艺术表现方法上，白居易强调内容与形式的统一，要求形式服务于内容。所谓"根情、苗言、华声、实义"（《与元九书》），以果木为喻，形象地阐明了内容与形式的关系。具体要求诗歌应文辞质朴，表达清晰，内容真实，文字流畅，这与他"不求宫律高，不务文字奇"的主张是一致的。

段成式著《酉阳杂俎》

段成式（803年—863年），字柯古，临淄（今山东淄博）人，是唐代的小说家、骈文家。其父文昌，官至宰相。段成式以荫入官，为秘书省校书郎，提升至吉州刺史，最后任太常少卿。他与李商隐、温庭筠均善于以四六体写章奏等公文，他们三人排行都是第十六，时号"三十六体"。

段成式著名的作品就是笔记小说集《酉阳杂俎》。酉阳即是小酉山（今湖南沅陵），传说山下有藏书上千卷的石洞。此书名意为段成式以家藏秘籍之多及书内容之广泛与酉阳典故相比。

《酉阳杂俎》分两集，30卷，共36篇。所记的有仙佛鬼怪、人事、动植物、酒食、寺庙等，分类编录，既有志怪传奇，也有记载各地异域的珍异之物。此书记述的，或采缉旧闻逸事，或是自己杜撰。其中不少篇隐僻诡异，如《壶史》记道术，《贝编》记佛书，《尸穸》记丧葬，《诺皋记》记怪异。

书续集中有《寺塔记》2卷，详述长安诸佛寺的建筑、壁画等状况，保存了许多珍贵史料，为后代编长安史志及研究佛寺者所取。

韩愈作《师说》

韩愈像

韩愈（768年—824年）字退之，河南南阳人，唐代最著名的文学家、学者、思想家和教育家。曾任国子博士、国子祭酒、吏部侍郎及京兆尹等职。

《师说》是韩愈教育思想的重要代表作，也是中国古代第一部集中论述教师问题的名作。在继承《礼记·学记》中有关思想的基础上，韩愈总结自己的体验和实践，概述提炼出一套系统的教师理论，包括教师的作用、地位、任务、评价标准和师生关系等；同时抨击了当时社会上及学界的不良学风。首先，韩愈开门见地指出"古之学者必有师"，认为从师学习是儒学教育的优良传统。即使是巫医乐师，百工之人也有可学之长。他又指出："人非生而知之"，在学问上，"无贵无贱，无长无少，道之所存，师之所存。"

作为教师，韩愈认为应该具备"传道、授业、解惑"这三方面的能力。并应在"教学相长"中不断提高自己各方面的能力，充分认识到"圣人无常师"，以及"师不必贤于弟子，弟子不必不如师"的教学辩证关系。这些是针对当时某些求师问学和为师教学者的心理障碍而发的议论，为后生学子突破陈规旧俗的束缚，充分培养和发挥自己的聪明才智开辟了道路。总之，在韩愈的教学思想中，最精彩的莫过于他对教师及师生关系的论述，可以和他"文以载道"的思想相提并论，成为韩愈的重大贡献。

诗人元稹撰《承旨学士院记》

唐长庆元年（821年），元稹撰成《承旨学士院记》一书。元稹，是穆宗时的翰林学士，很受穆宗宠信。只要是朝中大事，穆宗一定与元稹商议。后来他虽因阻碍裴度被降职，却仍像从前一样受宠。

元稹是个有才华的文士。长庆元年（821年），他在担任翰林学士时，撰成了《承旨学士院记》。该书记载了唐宪宗任命郑絪做翰林承旨学士的事和以后的15个承旨学士的姓名、官职、任免年月，以及翰林承旨学士的地位和任务，是研究翰林院制度的第一手资料。南宋时，该书被收入洪迈编纂的《翰苑群书》中。太和五年（831年）元稹八月病逝。

元稹一生诗作颇多，与白居易相唱合，世称"元白"。他为新乐府运动之中坚，与李绅、白居易等形成一通俗诗派，繁荣了中唐诗坛。

元稹的诗歌广泛反映现实，指斥时弊，愤世嫉俗。其艳诗及悼亡诗独具特色。元稹又是小说家，所作《莺莺传》为《西厢记》故事所取材。另有《元氏长庆集》传世。

元稹像

蒋防作《霍小玉传》

蒋防，字徽（一作子微）。义兴（今江苏宜兴）人。长庆元年（821年），从右补阙提为翰林学士。长庆末年，因李绅被逐而贬汀州刺史，后改连州刺史。善诗。《全唐诗》录其诗1卷。《全唐文》收其赋及杂文1卷。著有传奇小说《霍小玉传》。

《霍小玉传》写歌妓霍小玉和书生李益的爱情悲剧。李益在长安与霍小玉相恋同居，后向小玉发誓偕老而别。当李益做官后却变心易志，娶贵姓卢氏为妻。小玉得悉，愤恨欲绝，一病不起。侠士黄衫客挟持李益至小玉家中，小玉痛斥李益的薄情负心，誓言死后定化为厉鬼报复李益，终于气结而死。小玉死后李益果然疑其妻妾与他人有私，时刻受到猜疑与嫉妒情绪的困扰，闹得举家不得安宁。

《霍小玉传》是爱情题材传奇小说中最具思想光彩的作品。化鬼复仇的结局虽近荒诞，但表现出作者鲜明的爱憎，有很强的批判力。小说在反映唐代封建社会下层妇女被侮辱被损害的悲苦命运的同时，谴责了豪门士族品行的卑劣，赞扬了小玉不屈的反抗精神，控诉了封建门阀观念和等级制度。其艺术价值，前人给予极高的评价。明代胡应麟认为唐人小说纪闺阁事绰有情致，而"此篇尤为唐人最精彩动人之传奇，故传诵弗衰"（《少室山房笔丛》）。明代汤显祖演作戏曲《紫钗记》。

王建作《宫词》

王建任陕州司马时，曾"从军塞上、弓剑不离身"，对征戍之苦有所体会。晚年生活贫困，过着艰苦的躬耕生活，"终日忧衣食"。因此其诗较能广泛深刻地反映现实。如《水运行》："去年六月无稻苗，已说水乡人饿死。"曲折深婉，语浅意深。他不仅描写了农夫织妇之苦，还反映了水夫、运夫、海人、征人、戍妇的生活苦况。如《水夫谣》真实地描写了牵拉驿船的痛苦："苦哉生长当驿边，官家使我牵驿船。辛苦日多乐日少，水宿沙行如海鸟。"底下即具体描写当时的苦状，这是对封建徭役的血泪控诉。他的诗反映了当时社会的多种生活画面，丰富多彩。他的主要成就是乐府歌行，继承了杜甫诗歌的现实主义精神，尤其学习杜甫即事名篇的新题乐府，而又有所发展。形式自由，题材广泛新颖。

他的《宫词》百首，多言唐宫生活，史传小说中很少见，因而具有较高的认识价值。如他的《故行宫》即是一首五绝珍品："寥落古行宫，宫花寂寞红。白头宫女在，闲坐说玄宗。"这首诗描写白头宫女在红花盛开的行宫，闲谈昔日唐玄宗的逸闻旧事。冷落含蓄，神态宛然，寓有无限的感慨。明代诗评家胡应麟说："语意绝妙，合（王）建七言宫词百首，不易二十字也。"王建的百首《宫词》多为宫廷生活的纪实，当时"天下皆诵于口"。它不仅有文学价值，而且有史学价值，可补史传之缺漏。

李商隐作《无题》诗

　　李商隐是唐代最优秀的爱情诗人，无题诗是他独具一格的创造。李商隐的无题诗大多以男女爱情相思为题材，意境缥缈，情思缠绵，文辞精美，读来令人回肠荡气。由于这些诗写得含蓄隐晦，其中有些诗另有寄托，千年来解说纷纭，不乏穿凿附会之流。今天看来，这些诗并非一时一地之作，也没有统一的构思，而是诗人生活中的各种即兴感受和点滴情绪的结晶，或实写恋爱相思，如："相见时难别亦难"、"昨夜星辰昨夜风"；或明属冶游押邪，如"近在名阿侯"、"长眉画了绣帘开"；有寄寓身世之感的，如"何处哀筝随急管"、"重帏深下莫愁堂"；还有一些兴寄难明，托意缥缈。这些诗含义有别，大都是诗中之意不便明言、意绪复杂以一言概括的，统名以"无题"。诗歌的意义不限于表现一往情深的爱情生活，而是表现那种期待与失望、痛苦与留恋、执著与彷徨交织的矛盾心情，与整个时代息息相通。

　　李商隐继承了中唐艳情诗传统，又不同于李贺与元稹，他以真实的情感体验为基础，着力于心理的细腻刻画和意境的精心创造。他描写的悲剧性爱情，在情感与现实的冲突和恋爱者的情绪纠葛中，动人地展现出抒情主人公的理想追求和高尚人格，不但从一个侧面反映了封建制度对人性的压迫和摧残，也成为人类崇高美好情感的悲歌和颂歌。"春心莫共花争发，一寸相思一寸灰"、"身无彩凤双飞翼，心有灵犀一点通"、"直通相思了无益，未妨惆怅是清狂"、"春蚕到死丝方尽，蜡炬成灰泪始干"等诗句，感伤凄恻而又深情绵邈，成为李商隐无题诗中的不朽名句。

　　李商隐的无题诗情致深蕴，独特精丽的意象渗透着诗人丰富的内心情感，具有一唱三叹的韵味。这正是无题诗吸引无数后人反复吟诵把玩的原因所在。

徐铉、徐锴解《说文》

隋唐时代，朝廷盛行以诗赋取士，不以经学、字学为重，并确定楷书为正体，以小篆为主体的文字学开山之作《说文》，逐渐不被重视。唐代宗大历年间，书法家李阳冰根据己意，排斥许慎说解，将《说文》乱改一通。从此，许慎原本不见，改本盛行。

直至南唐末年宋初徐铉、徐锴兄弟（世称"大小二徐"）才对《说文》深入研究，精细校订，逐渐恢复了许书的原貌，使说文之学从此兴盛。

徐锴（920年—974年），字楚金，扬州广陵（今江苏扬州）人。南唐时历任屯田郎中、知制诰，集贤殿学士。他著的《说文解字系传》40卷，是《说文》最早的注本。

徐锴在疏证许说时，对许书中对形体说解不明的加以说明；对许书本义训释令人费解的，用浅近的语言疏解，并引书例作证，还将有些本义训释较笼统的，用词义比较法使其具体化；根据许书本义推阐字的引申义；根据许书本义说明文献用字中的假借现象；运用因声求义的方法，探求字的命名取义由来。可见他的注释，不仅疏证了《说文》训释中的费解笼统之处，便于后人学习研究，而且还以《说文》的训释为基础，推求引申，辨析假借，探究字源，屡有创见，对文字学史和训诂学史贡献很大。

徐锴的哥哥徐铉（916年—991年），字鼎臣，初仕南唐，后归宋。宋太宗雍熙初奉诏与句中正等人校定《说文解字》，于雍熙三年（986年）校完付印，与徐锴的《系传》"小徐本"对称，称为"大徐本"。

大徐本主要刊正《说文》在流传过程中出现的讹误，恢复许原本的面貌。所附雍熙敕牒说明了校定的缘由："许慎《说文》起于东汉，历代传写，讹谬

实多。六书之踪，无所取法。若不重加刊正，渐恐失其源流。"

大徐本对《说文》原文作了精审的校勘，增加了简要的注释（其中系引徐锴的说法），对时俗通行的别体俗字，详加辨正，还统一改用孙缅《唐韵》的反切，改变了《说文》传本增本注音的混乱情况。另外，大徐本将增收的402个许慎未收的经典用字，加上注释列于每部之末，称为"新附字"。

大小徐本都把许慎原来的十五篇各分上下，为30卷，对《说文》的整理和研究在文字学史上具有特殊重要的地位。小徐本继往开来，从理论和实践上奠定了说文学的基础，大徐本校定《说文》、恢复《说文》面貌，使学有所本，成为至今通行的范本。

罗隐论明君

罗隐（833年—909年）一生主要是在唐末乱世中度过的。他的著述很多，现在流传下来的只有《两同书》《谗书》《甲乙集》等。罗隐从社会动荡、朝代更迭的现实中感到社会和国家必须要有一个贤明的君主。他的政治思想的中心就是反对暴君、拥戴明君。罗隐首先认为，设立君长是必要的，但是设君立长并非取决于地位的高低和力量的大小，而是在于其是否有仁德。所以，作为明君首先必须"修仁德"。

罗隐还认为，天下百姓的生存依赖在一个人身上，国家败亡，人民遭殃，其罪魁祸首是君主。要避免这种灾，君主必须要俭约。所谓"损益之本，在于奢俭"。益莫大于主俭，损莫大于君奢。所以作为明君的第二个美德就是俭约。罗隐的这种思想显然是从唐末君主奢侈荒淫、政治腐败、终于导致国家败亡的历史事实中得出的，具有强烈的批判现实的意义。

明君的第三个美德是谦虚谨慎。君主要能礼贤下士，不能骄横自大，目中无人。以"敬"治国就能人和，以"慢"治国则人殆。臣民不懂得礼敬，就不足以侍奉君主；君主不懂得礼敬，就不能够统御臣民。

罗隐还认为，作为明君还要能任人唯贤、辨别忠奸真伪，能够接受逆耳之言。在罗隐看来，只要一个君主具备上述美德，并经过正常途径继承帝位，就能够维持政权的稳定。这种思想带有幻想性，反映了在社会动荡中的人们对于和平和繁荣的渴望。

路振著《九国志》

至道年间，宋朝史学家路振著写《九国志》。

路振，永州祁阳人（今湖南祁阳西），生卒年不详，自幼爱读史，并有志于象司马迁那样"不虚美、不隐恶"，撰写史书以为后人借鉴。因此，不辞劳苦，四处设法收集五代时吴、南唐、吴越、前蜀、后蜀、荆南、南汉、闽、楚九国君臣的行迹、事迹、传说、野史等材料，仿照《史记》的体例，分作世家、列传等名目，撰写史著，题名为《九国志》，大约执笔于至道年间。由于收采资料历尽艰辛，结果书还没写完，路振便操劳而殁。后来，张唐英补写了

北京牛街礼拜寺，始建于宋至道二年（996 年）。

北楚 2 卷，与路振所著合为 51 卷。虽然是十国历史，仍沿用旧名《九国志》。

《九国志》原本早已遗佚，今传本是清人邵晋涵从《永乐大典》中辑出的，比原书已残缺过半，但是存留下来的各篇首尾完整，可以补充正史的遗漏之处。

杨亿编《西昆酬唱集》

宋真宗景德二年（1005年）到大中祥符元年（1008年）之间，杨亿、钱惟演、刘筠等一批文士奉诏在内廷藏书的秘阁编纂类书《册府元龟》。修书制诰之余，他们从前人作品中撷拾"芳润"，作诗消遣，并与其他一些未参与编书的文人互相唱和，得诗近250首。杨亿将这些诗编辑成集，并以藏书之地，将诗集名之为《西昆酬唱集》。

北宋初年社会环境趋向稳定繁荣，统治阶级为了粉饰太平，有意提倡诗赋。宫廷中每有庆赏宴乐，贵族府第也时有文酒之会，君臣唱和之风颇盛。这时期的文坛上承晚唐五代的浮靡遗风，时逢北宋王朝点缀升平的需要，于是出现了片面追求声律谐调和词采华美的倾向。《西昆酬唱集》集中体现了当时诗风，影响宋初诗坛数十年的"西昆派"即由此得名。

杨亿（974年—1020年），字大年，是"西昆派"诗歌的主要作者，建州浦城（今福建浦城）人，文名早播，特别受朝廷赏识，曾任翰林学士兼史馆修撰，官至工部侍郎。由于他和《西昆酬唱集》的其他作者，多为馆阁之臣，在书本知识和词章修养上已经超过了晚唐五代的许多作者，加上其诗风迎合了北宋王朝的需要，故《西昆酬唱集》能够风靡一时。这些诗作主要有以下几方面的内容：最多的是咏物诗，大体都是先有命题，再堆砌典故而成，缺乏真情实感，内容单薄。如杨亿的《泪》，全诗叙事、写景都有出处，但缺乏内在的感情联系。其次是吟咏前代帝王或宫廷故事，某些篇章隐含一定的讽喻意义，如《始皇》、《汉武》。还有一些作品反映了官僚们流连光景、优游时光的日常生活，如《夜宴》、《直夜》等。虽然"西昆派"标榜师秉李商隐，但实际上他们只是片面地发展了李商隐诗歌创作中典雅精丽、委婉深密的形式美。他们多采用五、七言近体，声律谐和，对仗工稳，便于互相唱和；堆砌典故，铺陈词藻，有以学问为诗的倾向和浮艳之风，缺乏真切充实的生活感受。由此可见，内容空虚而形式考究成为"西昆派"的特征。以《西昆酬唱集》为代表的"西昆派"诗风在宋初诗坛上占了主导地位，以至有"杨、刘风采，耸动天下"之说。

晏殊作《珠玉词》

1055 年，北宋词人晏殊去世。

晏殊（991 年—1055 年），字同叔，抚州临川（今属江西）人，北宋前期较早的词家。他幼年时便以神童的声誉被荐入朝，得到宋真宗的赏识，赐同进士出身，后历任中枢和外郡显要，官至仁宗朝宰相。他生活在北宋相对承平的年代，仕途上没有遇到多少波折，基本上过着富贵优游的官僚生活，生平爱好文学，又喜结交朋友、荐拔人才，经常宴请宾客，以歌乐佐文酒之会，其词集《珠玉词》中的大部分作品即产生在这种花间樽前、歌舞升平的场合。

《珠玉词》的内容主要表现为两方面：一是流连诗酒、及时行乐。诸如"座有嘉宾尊有桂，莫辞终夕醉"、"不向尊前同一醉，可奈光阴似水声"，这类耽于逸乐的句子每每可见。在娱宾遣兴的同时，他又深深地感叹时光易逝，由此生发出他词作中的另一重要内容：伤春悲秋，抒发惆怅寂寞之情。［踏莎行］"小径红稀"中的"一场愁梦酒醒时，斜阳却照深深院"，［采桑子］"时光只解催人老"中的"时光只解催人老，不信多情，长恨离亭"，无不流露出对自然的时序推移，对人生的离合悲欢的种种感慨。他这类作品中所抒写的轻愁浅恨，实际上蕴含着人类自古以来的一种永恒的感伤。他的［浣溪沙］"一曲新词酒一杯"中的名句"无可奈何花落去，似曾相识燕归来"，极精辟形象地描写了自然规律的不可抗拒性，传达出对好景不长的深深无奈，其意

蕴耐人寻味。晏殊的词一般没有很了不起的思想深度，但却以感情的深厚真挚取胜。他填词不是为应酬，即使是花间樽前之作，他也能够投入真性情，这就是他的词能触动人心的原因之一。

《珠玉词》的艺术风格恰如其集名，给人以珠圆玉润、和婉明丽之感。晏殊词继承了晚唐五代词的传统，既吸收《花间》的格调，又受南唐冯延巳的影响，有风光旖旎、雍荣华贵的一面，也有温雅明净、深婉蕴藉的一面。他写富贵风流而文字上未见堆金砌玉；写离情别恨而不作愁云惨雾，以意境、"气象"取胜。他谨守五代小令的形式，在词中表现出一种上层文人士大夫的闲雅情趣，堪称宋初婉丽词风的代表。

秦观著《蚕学》

《蚕书》是宋代养蚕制丝技术专著。它主要总结宋代以前兖州地区的养蚕和缫丝的经验，尤其是缫丝工艺技术和缫车的结构型制。

全书分为种变、时食、制居、化治、钱眼、锁星、添梯、缫车、祈神和戒治等10个部分。《蚕书》全文共802字，是中国古代很有价值的养蚕制丝专著之一。遗憾的是，这部书是以农家的方言为主，晦涩难懂，又没有插图

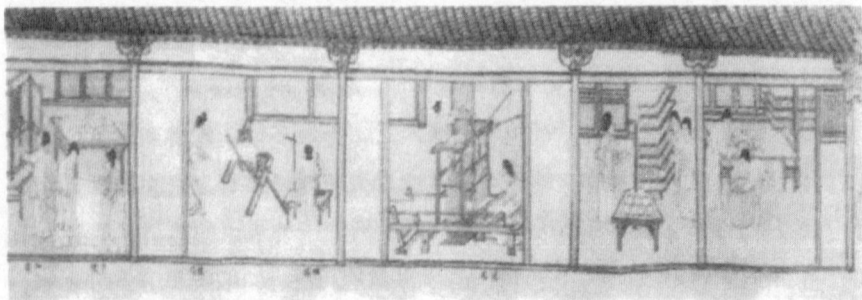

宋人蚕织图（部分），描绘了采桑、养蚕、缫丝、织绵的整个过程。

可供参考。

《蚕书》的作者秦观，字少游，江苏高邮人，他还是宋代著名的词人。

秦观作《淮海词》

1100年，北宋大词人秦观去世。

秦观（1049年—1100年），字少游，号淮海居士，扬州高邮（今江苏高邮）人，北宋后期的著名词人之一。他少时家道中落，借书苦读；个性豪隽，喜读兵书，有政治热情。秦观十分推崇苏轼，也颇得苏轼赏识，是"苏门四学士"之一。他于神宗元丰八年（1085年）登进士第；哲宗元祐初，经苏轼推荐，任太学博士，兼国史院编修官；绍圣元年（1094年），新党执政，他因与苏轼的关系被目为旧党，连遭贬

秦观像

斥，数年间过着流放生活，最后死于藤州。秦观诗、词、文皆工，而以词著称，是婉约派的代表作家，其词集名为《淮海词》。

秦观词的内容，局限于描写男女恋情和抒发个人愁怨，以"情韵兼胜"著称，感伤色彩较为浓重。他早年客游汴京、扬州、越州等地，有结交歌女的经历，儿女情长便成了他词作中表现的一个主要题材。这些词风格清丽婉约，柳永的词在这方面对他颇有影响。在［满庭芳］"山抹微云"中，"斜阳外，寒鸦数点，流水绕孤村"和"伤情处，高城望断，灯火已黄昏"的描写，

将离别之情和凄清之景融成一片，在意境上接近柳永的［雨霖铃］"寒蝉凄切"。他的［鹊桥仙］"纤云弄巧"借神话传说中牛女双星的悲欢离合，歌颂真挚久长的爱情，带有一定的理想色彩。其中"两情若是久长时，又岂在朝朝暮暮"之句，立意高雅，成为后世多少两地相思的有情人的精神寄托。

秦观词的艺术成就很高。他比较注重晚唐五代以来词体形成的婉约本色，善于通过凄迷的景色，婉转的语调表达感伤的情绪。他常在词中缘情设景、造境写情。所作［满庭芳］"山抹微云"把离情放在一个幽暗凄迷的背景下来描写，更增添了感伤色彩。另外如［望海潮］"梅英疏淡"、［踏莎行］"雾失楼台"等名篇，均有情景相生、心境互映的生花妙笔。秦观在这方面继承了柳永的某些表现手法，但又避免了柳永的俚俗和发露无余，而以淡雅含蓄取胜。另外，秦观工于炼字琢句，其语言清丽自然，句法整饰，音律谐美，辞情相称。如"山抹微云，天粘衰草"、"自在飞花轻似梦，无边丝雨细如愁"等佳句，均选词精当，形容巧妙，描绘出柔美空灵的画面，充分表现了婉约派的特色。

秦观在北宋以后几百年都被视为词坛第一流的正宗婉约派作家，他的词风对后来的许多著名词家如周邦彦、李清照直到清代的纳兰容若等，都有显著的影响。

朱淑真作《断肠词》

两宋时期，在词坛上活跃着一批女性词人，她们以女性细腻的生活体验，向世人展示了其独特而丰富的情感世界，朱淑真就是其中一位具有代表性的词作家。南宋魏仲恭所辑《断肠诗集》10卷，《后集》8卷，及《断肠词》1卷，基本上可以反映其创作概貌。

朱淑真，号幽栖居士，生卒年及生平事迹不详，钱塘（今杭州）人，一说海宁人，出生于仕宦家庭。少年时喜爱读书，酷好文学、擅长诗词，将其作为性情抒发的渠道，一生大多数时间生活在杭州，也曾随丈夫宦游他乡，到过淮南和潇湘。婚姻不遂素志，给她的精神带来了莫大的痛苦，最后悒悒而终，生平创作了大量诗词，但在她死后被其父母一把火焚烧了。现在流传下来的只是其创作的很少一部分。

婚姻的不幸，使朱淑真长期陷于忧郁和苦闷之中。为此，她写了大量描写个人寂寞生活和抒发内心痛苦的诗篇，如《愁怀》、《长宵》、《冬夜不寐》无不流露出"东君不与花为主，何似休生连理枝"，"珠泪向谁弹"、"闷怀脉脉与谁说"的痛苦和孤寂之感。此外，记游、赠答也是其诗歌创作的一大题材，表达了其客居异乡时对家乡和家人的怀念。其咏史诗议论历史，品评人物，无不表达了其独到的眼光和见地。诗词中还有对封建制度对妇女的束缚愤慨不平和对于蚕桑、农事及人民生活的关怀，湖光山色四季景物也大量地再现于其诗中。

《断肠词》中保存的其词作有30首左右，历来受到人们的珍视，词中充满了封建社会妇女才华被压抑、婚姻不如意的不幸命运和生活孤单寂寞，及苦闷哀愁的情绪，思想单薄而消沉，真实地反映了当时妇女的生活和思想感情。

朱淑真的词作风格直承晚唐、五代，还受到柳永、周邦彦等人的极大影响。语言清新秀丽，善于运用委婉、细腻的手法，表现优美的客观景物和个人内心世界。而描写恋爱生活的词作在语言上显得泼辣而通俗，感情直率大胆。

李清照作《词论》

李清照（1084年—1155年？），号易安居士，齐州（今山东济南）章丘人。李清照自幼就受到良好的文化教养，诗文的修养很深。宋徽宗建中靖国元年（1101年），18岁的李清照与吏部侍郎赵挺之幼子、正在太学读书的赵

明诚结为夫妻。赵明诚酷爱金石文字，有着"尽天下古文奇字之志"。婚后两人一起切磋文史，共同校勘古籍，幸福美满。大观元年（1107年），赵明诚失官后便和李清照回到青州（今山东益都）赵氏的故里，致力收集古碑和文物。宣和三年（1121年），赵明诚重新出仕，着手编写《金石录》。靖康元年，金人围攻汴京。次年，赵明诚携书15车南下。当时北方大乱，赵家青州故第10余间屋的书册物什全部被焚。李清照只携小部分文物随人群逃难，开始了她在南方颠沛流离的苦难生活。

李清照工于诗文，更长于词。她不

李清照像

但在词作上风格独具、光彩夺目，而且是词坛最早的词评家。她熟悉音律，掌握了高度的艺术技巧，高视阔步，且无余子。在早年写的《词论》中，她批评了从柳永、苏轼到秦观、黄庭坚等许多作家，提出了"词别是一家"的观点。她认为词分五音、五声、六律，又分清浊轻重，要求协音律，有情致，成为宋代的重要词论。她的诗文多以历史、世事和谈论文艺为主，题材较广。

李清照的创作因其在北宋和南宋时期生活的巨变而表现出前后期截然不同的特色。前期的词作大都描写她的闺中生活和内心情感以及自然风光。如《如梦令》中的"常记溪亭日暮"一句，写夏日野游小景，藕花深处的归舟、滩头惊飞的鸥鹭，写景如画，生趣盎然；《怨王孙》中"水光山色与人亲，说不尽无穷好"，轻快的节拍中传达出作者开朗愉快的心情。此外，她的《凤凰台上忆吹箫》、《一剪梅》、《醉花阴》等词，通过描绘孤独的生活，含蓄地表达了闺中的寂寞愁情及对丈夫的深厚感情和相思之情，婉转曲折，清俊疏朗。作为女性作家，李清照在词作里展示自己的内心情感，大胆地流露对美好爱情生活的向往和对大自然的热爱，有违于当时封建礼教对妇女设定的教条，是其前期词作思想价值之所在，也是"花间派"代言体的闺怨词所无法相比的。

贺铸作《青玉案》

贺铸（1052年—1125年），北宋词人，字方回，卫州（今河南汲县）人。他是唐代贺知章的后裔，自称远祖本居山阴。后来因以知章居庆湖（即镜湖），又自号庆湖遗老。贺铸从小就喜爱读书，知识渊博，终因喜谈当世事，"可否不少假借，虽贵要权倾一时，小不中意，极口诋之无遗辞。"他晚年生活穷困，退居苏杭一带，于宣和七年（1125年）在常州僧舍中逝世。编有词集《东山乐府》及诗集《庆湖遗老前后集》20卷传世。

贺铸的词柔中带刚，刚柔并济，风格变化多样。他的许多描写恋情的词都继承了温庭筠等人的风格，写得委婉动人，饶有情趣。《青玉案》正是一篇这样的名作。词中写到："凌波不过横塘路，但目送芳尘去。锦瑟华年谁与度，月桥花院，琐窗朱户，只有春知处。飞云冉冉蘅皋暮，彩笔新题断肠句，若问闲情都几许？一川烟草，满城风絮，梅子黄时雨。"辞藻优美，即景抒情，一方面反映出贺铸渴望建功立业的胸怀，同时也表现了他追恋过去欢乐和退隐生活的消极情绪。特别是结尾处三个巧妙的比喻：烟草、风絮、梅雨，形象新颖鲜明，被称为"词意精新、用心良苦"，贺铸因此有"贺梅子"之称。

李清照作《声声慢》

《声声慢》是李清照南渡之后的名篇，从词意看应写于其丧夫之后。

建炎二年（1128 年），李清照怀着国破家亡之痛载着文物书籍南逃与其夫赵明诚重聚。次年，赵明诚去世。这时金兵又大举南侵，朝廷已开始疏散、逃亡。李清照大部分文物又在战乱中散失。

接踵而至的国破家亡以及政治上的风险和个人生活的悲惨遭遇，使李清照南宋时期的创作发生了极大变化。她更为关心国家的命运，关注战乱中人们流离迁徙的痛苦。她的许多诗文都是针对时事而作的，有强烈的现实性。

《声声慢》是李清照南渡之后表达自己孤独生活中浓郁哀愁的名篇。开头三句连用七组叠字，"寻寻觅觅，冷冷清清，凄凄惨惨戚戚"，渲染其难耐的空虚落寞、忧伤悲戚之情。14 个字由浅入深，渐次表现出自身的处境与心情，奠定了全词极为感伤的基调。接下来写天气的变化和内心感受，更进一步将心中的愁苦与凄凉呈现出来。"雁过也，正伤心，却是旧时相识"一句则寄寓她对故乡、对亡夫的怀念和悲伤。下片"满地黄花堆积"三句，虽为惋惜菊花，实则是自伤憔悴和心灰意冷情绪的流露。这情景使她倍感时光难捱，发出"独自怎生得黑"的哀叹。然后以"梧桐"、"细雨"、"黄昏"这些典型景物作衬托，将凄凉之情推至高潮。"这次第，怎一个愁字了得？"末句回应开头，不仅总结了她难以尽诉的凄苦哀愁，而且在疑问感叹的语气中流露出不满自己遭遇的激愤之情，含蓄而有分量。

在艺术上，李清照善于通过日常生活场面，细致入微地展示自己的内心世界。她运用白描手法写景，以景托情，烘托气氛，语言简洁平易，而又含蓄生动，富于表现力。在遣词造句上李清照也很有创造性。《声声慢》中的七组叠字，其独创性更是历来为人盛赞。《云韶集》有论："叠字体，后人效之者甚多，且有增至二十余叠者，才气虽佳，终著痕迹，视易安风格远矣。"李清照的词被称为"易安体"，从南宋起就不断被人学习模仿。

岳飞作《满江红》

岳飞（1103年—1142年），字鹏举，相州汤阳（今属河南）人。南宋名将、作家。幼时因家贫，其母亲自授学。20岁时应募从军，抗金救国。南宋初已是著名的抗金英雄。他勇敢善战，屡建奇功，历任武安军承宣使，荆南、鄂岳州制置使，检校少保。后入朝封公，拜太尉，授少保，任枢密副使。38岁收复西京，挺进朱仙镇（今开封市西南）。中原义军纷纷响应，收复了大片失地。在此大好形势下，高宗却一日连下12道金牌召回岳飞。39岁被诬入狱，41岁被主和派权臣秦桧一伙杀害。孝宗时追谥武穆，后改谥忠武。宁宗时追封鄂王。

《满江红》是岳飞在戎马征战生涯中写下的许多充满爱国激情的作品中最具代表性的词作，表现了作者对入侵敌寇的无比痛恨和报仇雪耻的迫切心情以及收复中原失地的坚定意志。全词感情激昂，气势磅礴，满腔忠愤喷薄而出，一气呵成，风格粗犷豪放，有着极强的感染力。语言铿锵有力，善用

夸张写志抒情。如"怒发冲冠"、"仰天长啸"、"驾长车、踏破贺兰山阙"等，把作者慷慨昂扬、热烈坚定的报国理想和汹涌澎湃、不可遏止的爱国激情充分抒发了出来。作者用词生动准确，如"踏破"，表现出一往无前的气势；"收拾"，显示出坚定从容、满怀信心。由此可见作者深厚的语言功力。《满江红》一词在当时和后代反抗侵略的斗争中起了积极作用，成为千古名篇。

《满江红》的作者问题久已有争论，余嘉锡《四库提要辨证》、夏承焘《岳飞〈满江红〉》词考辨》等文，都对词作者及创作年代提出疑问，但所持理由均难成立。岳飞兼具"将才"、"文才"，此词气贯山河，昂扬激越，实非他人所易伪作。

岳飞著作有《岳忠武王文集》10卷，有乾隆刊本。

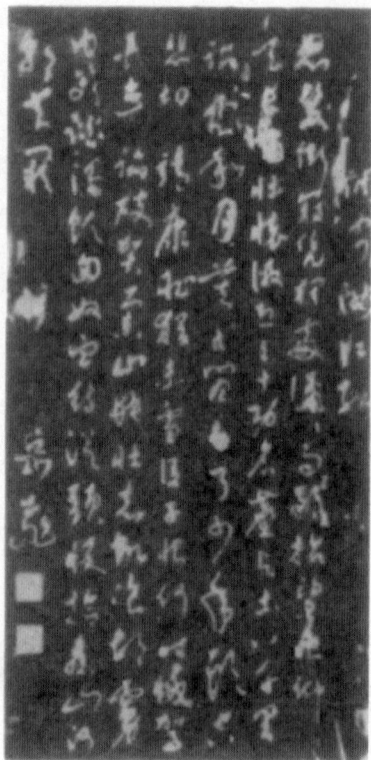

岳飞《满江红》词石刻

黄裳编《天文图》

宋绍熙元年（1190年），南宋著名天文学家黄裳进献天文、地理等八图。黄裳（1147年—1195年），字文叔，曾担任皇子嘉王赵扩的教师翊善（助理教师）。1195年赵扩登基，黄裳被任命为礼部尚书。现存苏州文庙的石刻天文图就是当时黄裳进献的八图之一。

苏州石刻天文图碑高2.16米，宽1.08米。上部圆形星图外圈直径91.5厘米，下部是名为天文图的碑文。全图共有1431颗星。把它与敦煌星图、五代吴越钱元墓石刻星图、北魏及唐代一些墓室星图相比较，可以看出苏州石刻天文图的发展脉络和它的创新之处。它将中原地区可见星空浓缩于一图，更为简练，尽管采用的是中国传统的盖图法，赤道以外星官形状有较大的变

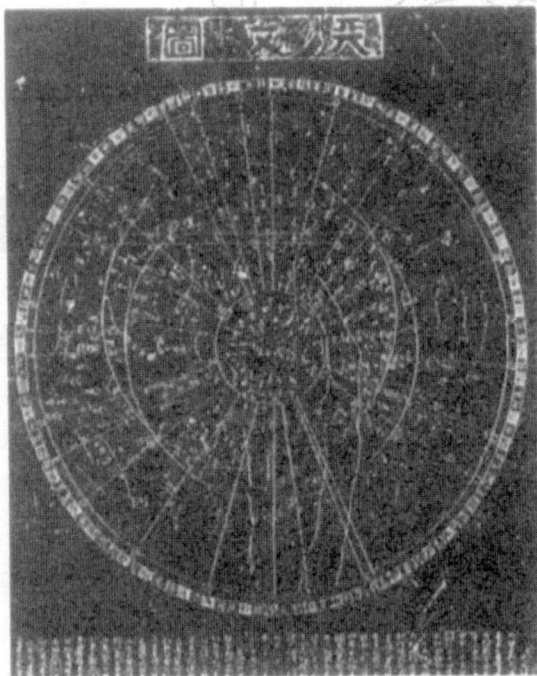

苏州天文图碑

形，但用一图而览全天，十分清晰，它比五代星图的星数多了很多，比唐代墓室星图随意点绘有无可比拟的先进性，它的星位准确，采用极投影绘法，把银河，甚至它的分叉都画了出来，形象美观，也符合实际天象。特别值得指出的是，图中二十八宿数据、恒星坐标均取自元丰年间的测量，图上266颗星的位置均方误差仅为±1.5°，证明它是一份科学的星图。它实在是中华文明的一个瑰宝，是公元12世纪世界上独一无二的科学的石刻星图。

黄裳进献的天文图是世界上现存星数最多，时间最早的古代时刻星图，它反映了截止到宋代的天文学成就和中国传统的天文学体系特征，因而用来作天文教具非常直观。它星数多、星位准，清楚地显示了三垣二十宿的划分，同时将星占的分野以及十二次和十二辰划分边明确标出，所以能用于传统天文学教学。这从一个侧面反映了宋代天文学教育思想和教学方法的进步。

陆游作《剑南诗稿》

　　陆游 46 岁入蜀，任夔州（今四川奉节）通判。期满后，应四川宣抚使王炎的邀请到南郑（今汉中）襄理军务，实现了他梦寐以求的亲临前线从军报国的愿望。陆游换上戎装，往来于前线各地，与将士们同甘共苦，与爱国民众密切接触。金戈铁马、意气风发的军旅生活和雄奇险峻的山川形势激发了他的诗情，也丰富了他的诗歌表现题材，正所谓"地胜顿惊诗律壮"。他的诗歌创作在这一时期走向鼎盛的成熟，形成了宏丽悲壮的风格。陆游十分珍视这一段峥嵘岁月，后来将全部诗作题名为《剑南诗稿》。

　　由于南宋小朝廷苟安求和，将主战将领王炎调离，陆游也离开汉中到成都。后来他到文友范成大幕中任职。54 岁时，他去蜀东归。在江西任上做官时，因拨义仓赈济灾民，以"擅权"罪名免官还乡。

　　这一时期是陆游创作生活的中期，前后近 20 年，存诗 2400 余首。陆游诗中贯穿始终的主旋律是爱国精神，在他中期的创作中，这一主旋律尤为高亢。由《剑南诗稿》中可见如下主要特色：一是"铁马横戈"、"气吞残虏"的英雄气概交织着壮志难酬的苍凉情调。"飞霜掠面寒压指，一寸丹心唯报国"的高歌表现了诗人慷慨豪放的牺牲精神；"此身合是诗人未？细雨骑驴入剑门"的低吟蕴藏着英雄无用武之地的悲哀；"岂其马上破贼手，哦诗长作寒螀鸣"的长叹倾诉了不甘以书生自限的愤懑，这是陆游的爱国主义理想遭到现实扼杀的真实写照。另一特色是对投降派的揭露和批判。在《关山月》一诗中，诗人对议和的恶果以及投降派"文恬武嬉"的现象作了深刻而集中的揭露："和戎诏下十五年，将军不战空临边。朱门沉沉按歌舞，厩马肥死弓断弦！"陆诗较全面地反映了南宋时期的历史面貌，后人誉之为"诗史"，这可说是《剑南诗稿》的又一特色，既有诗人的强烈主观感情色彩，又有史家的冷静客观实录精神，具深刻的批判现实意义。

作为一个杰出的爱国诗人，陆游继承了杜甫诗歌的现实主义传统，但在艺术表现手法上又有个人特点。他的诗歌偏重于高度概括和主观抒情，

南宋《涤堂琴趣图》，笔法精劲，构图简洁，画风似马远一派。

很少对表现对象作具体描述和细致刻划。故在《剑南诗稿》中没有杜甫的《三吏》、《三别》那样的严格的叙事诗，也极少有白居易式的夹叙夹议。陆游往往将巨大的现实内容压缩在短短的篇幅里。如《关山月》，全诗12句就凝练地表现了皇帝下诏主和、朱门酣歌醉舞、壮士报国心切、遗民渴望恢复等各方面的情况，对比强烈，同时寄托了诗人深沉的愤慨。诗人对理想有热烈的追求，在现实中却有志难伸，于是在诗歌中就表现为高度的抒情性，在现实主义的基调上呈现出浪漫主义的色彩。陆游深受李白影响，有些诗的风格情调直追李白，当时有"小太白"的称号。在诗歌语言方面，陆游受白居易影响较大，有"清空一气，明白如话"的特色，晓畅明白又精练自然。

陆游这时期的词同样抒写了激越的爱国情怀，如〔汉宫春〕（羽箭雕弓）和〔夜游宫〕（雪晓清笳乱起），都是以与其爱国诗篇相辉映。

吴文英作《梦窗词》

　　吴文英（1200年—1260年），字君特，号梦窗，四明（今浙江宁波）人。吴文英虽然毕生不仕，但与当时的显贵过从甚密，以清客身份出入豪门，交游唱酬者有宰相吴潜、亲王赵与芮、权臣贾似道等。他中年以后长居苏杭两地，过着闲适的生活，在创作上力求恢复北宋周邦彦的传统，是南宋中叶以后较有名气的词家之一。

南宋《荷塘按乐园》，为南宋山水画中反映当时风俗的一种新形式。

　　吴文英的《梦窗词》今存340首，受生活经历和个人情趣所限，题材偏狭，内容较贫乏，脱离现实，多为咏物、节令、应酬之作，其中与朝官酬唱的词就多达80余首。只有少数是殷念国运、深于感慨之作，而莺啼燕语、缠绵悱恻的词占了主要地位。他的词以艺术技巧取胜。在沈义文的《乐府指迷》中，可见吴文英的词学主张——"音律欲其协，不协则成长短之诗；下字欲其雅，不雅则近乎缠令之体；用字不可太露，露则直突而无深长之味；发意不可太高，高则狂怪而失柔婉之意。"吴文英的词作充分体现了这些主张，以守律精严、烹词炼句、讲究字面、措意深雅为基本特征。如他的《风入松》（听风听雨过清明），写对一个女子的追思，是常见的题材。但词中联想新奇，打破时空秩序，缘情设景——"黄蜂频扑秋千索，有当时纤手香凝。惆怅双鸳不到，幽阶一夜苔生"，蜂舞苔生的眼前之景均因当年的纤手鸳履而别寓深情。吴词缛织缜密、情思婉转、章法多变而脉络井然。吴文英还精通乐理，自度了许多曲调，在丰富词体方面有一定贡献。

吴文英继承了周邦彦的词风，继续探索传统本色词的艺术技巧，丰富了艺术表现力，形成了密丽浓艳的风格，其某些艺术主张对当时辛派词末流的浮躁叫嚣之风亦有"补偏救弊"的作用。但他过分偏重形式技巧，加上喜欢堆砌典故，藻饰太甚，以致流于晦涩，其影响远及清代的某些词人。

文天祥作《正气歌》

文天祥（1236 年—1283 年），字履善，号文山，吉州庐陵（今江西吉安）人，是南宋伟大的民族英雄。他 21 岁中进士第一名，官至右丞相兼枢密史。南宋覆亡前后，他领兵抗元，战败被俘后誓死不屈，在此期间写下了许多慷慨悲壮、浩气凌云的爱国诗篇。

文天祥的诗作可以元军攻陷临安（今杭州）划分为前后期。前期作品内容平平；后期诗歌则是他战斗生活和狱中经历的记录，表现了强烈的爱国精神和崇高的民族气节。他诗歌创作中的精华集中在其诗集《指南录》《指南后录》及《吟啸集》中。他在《扬子江》一诗中所写的"臣心一片磁针石，不指南方誓不休"一句，便是他《指南录》题名的意义所在，也是他对宋室忠心耿耿、念念不忘恢复国土的精神写照。他战败被俘后，元军强迫他随船出

文天祥像

海追击宋帝，招降宋军，他以《过零丁洋》一诗表明了自己的立场和气节。虽然当时是"山河破碎风飘絮，身世浮沉雨打萍"，但他大义凛然，视死如归："人生自古谁无死，留取丹心照汗青！"这诗句犹如洪钟巨响，荡气回肠！

最集中鲜明、强烈地表现文天祥的爱国精神和民族气节、坚强意志的是他作于元大都狱中的《正气歌》。这首诗大致可分为两段：开头写道："天地有正气，杂然赋流形。下则为河岳，上则为日星……"以山河日月这些天地间的永恒之物喻"正气"的万古长存；接下来列举了彪炳史册的 12 位忠臣义士的壮烈事迹："在齐太史简，在晋董狐笔。在秦张良椎，在汉苏武节……或为辽东帽，清操厉冰雪。或为出师表，壮烈泣鬼神……"通过对这些忠肝义胆的历史人物的歌颂，表达了他追步先烈前贤、置个人生死于度外的决心。诗的后半段，主要写他在前人高风亮节的鼓舞下，有精神力量承受牢狱生活中的种种肉体痛苦及考验，抵抗严寒酷暑、疾病侵染。最后再次表达了他学习古代传统美德，坚持正气的个人操守——"顾此耿耿有，仰视浮云白……哲人日已远，典型在夙昔。风檐展书读，古道照颜色。"《正气歌》充满激情，气势磅礴，很少雕饰，从容自然地展示了文天祥崇高的人格。

由《正气歌》可见文天祥诗作多半直抒胸臆，以爱国主义的精神感召力见长。由于这股浩然正气贯穿其间，文天祥的诗虽不甚讲究修辞但仍具有强烈的艺术感染力，千百年来激励了一代又一代爱国志士。

关汉卿作《窦娥冤》

关汉卿是著名的元代杂剧作家，名不详，号已斋，一号一斋，大都（今北京市）人。关于他的籍贯，还有祁州、解州等几种不同的说法。

关汉卿大约生于金末或元太宗时（1210 年前后），元钟嗣成《录鬼簿》说他曾任太医院尹，《析津志》也说他"生性倜傥，博学能文，诙谐多智，蕴藉风流，为一时之冠"。在元代杂剧四大家中，关汉卿为四人之首，具有很高的艺术成就和历史地位。关汉卿生平多与当时大都一带的著名杂剧、散曲家及艺人来往，商酌文辞，评改作品，并有时亲自登台演出，于创作之余，过着"射践排场、面敷粉墨"的书会才人生活。

关汉卿著有杂剧 67 部。现仅存 18 部：《邓夫人苦痛哭存孝》、《包待制三勘蝴蝶梦》、《诈妮子调风月》、《关大王单刀会》、《赵盼儿风月救风尘》、《闺怨佳人拜月亭》、《杜蕊娘智赏金线池》、《关张双赴西蜀梦》、《望江亭中秋切鲙旦》、《温太真玉

关汉卿画像

镜台》、《钱大尹智勘绯衣梦》、《感天动地窦娥冤》、《尉迟恭单鞭夺槊》、《钱大尹智宠谢天香》、《山神庙裴度还带》、《状元堂陈母教子》。《刘夫人庆赏五侯宴》《包待制智斩鲁斋郎》。在现存关汉卿的杂剧作品中，曲白俱全者15部；《调风月》、《拜月亭》、《西蜀梦》3部曲文完整，科白残缺。另有《唐明皇哭香囊》、《风流孔目春衫记》、《孟良盗骨》3部，仅存残曲。

在现存关汉卿的18部杂剧中，《窦娥冤》为最重要的代表作。《窦娥冤》是关汉卿晚年的作品。其题材源于《汉书·于定国传》和干宝《搜神记》的"东海孝妇"故事。关汉卿在编撰时结合元代生活的实况，成功地塑造了窦娥的艺术形象，描写了她一生的悲惨遭遇。窦娥年幼时因家贫被卖给蔡家做童养媳，婚后丈夫身亡，婆媳相依为命，蔡婆婆出门索债，被赛卢医骗到城外，企图谋财害命。恰值张驴儿及其父路过，救活蔡婆婆并借此占住蔡家，并强迫他们婆媳与张驴儿父子结成夫妻，窦娥坚决拒绝。张驴儿阴谋毒死蔡婆婆，反而毒死了他父亲，他转而诬陷窦娥。官府严刑逼供，窦娥为救护婆婆，屈打成招，被判处斩刑。临刑之前，窦娥发下3桩誓愿：一是刀过头落后，一腔热血飞洒在丈二白练之上；二要六月降雪，掩盖她的尸体；三是要当地大旱3年。后来誓愿一一应验。3年后，朝廷派其父窦天章任两淮提刑肃政廉访使，去审查案卷，窦娥鬼魂向父诉说冤情，终于申雪了冤枉。《窦娥冤》对封建社会黑暗、腐朽的政治进行了有力的抨击，窦娥的悲剧是封建时代暗无天日的社会现实的产物。关汉卿强烈地抒发了那些长期遭受压迫的人民群众的无可诉苦的反抗情绪。

在关汉卿笔下，窦娥的形象有血有肉，个性十分突出。她心地善良，舍己为人。为了救护婆婆，宁愿身受斩刑，在绑赴法场的途中，她还嘱咐刽子手不要从前街走，不愿让婆婆看见她无辜被斩而痛心。她秉性正直刚强，一口拒绝了张驴儿的逼婚，她的头脑里本来充满孝顺、贞节等封建伦理观念，然而在实际生活中却一步一步被逼到刽子手的刀下。这时，她对那吃人的社会感到绝望，但并不甘于向命运低头，就向日月、鬼神、天地发出了呵骂："有日月朝暮悬，有鬼神掌着生死权。天地也，只合把清浊分辨，可生生糊突了盗跖、颜渊：为善的受贫穷更命短，造恶的享富贵又寿延。天地也，做得个怕硬欺软，却原来也这般顺水推船。地也，你不分好歹何为地？天也，你错勘贤愚枉做天！"在这里，窦娥大胆的反抗性格得到淋漓尽致的表现。她对天地的怀疑和责难，实质上就是对封建制度的责难和控诉。

关汉卿的杂剧具有强烈的现实性。关汉卿的时代，政治腐败，社会动荡，民族矛盾和阶级矛盾突出，人民生活在水深火热之中。关汉卿的杂剧深刻地再现了元代的社会现实，具有浓郁的时代气息。关汉卿非常重视舞台实践，因此他的优秀作品有着长期的舞台生命。在关汉卿的杂剧中，情节的进展自然而有层次，人物和事件的安排都符合舞台演出的要求，甚至剧中次要人物的出场都是不可或缺的，可见关汉卿的戏剧功力之深。关汉卿熟悉百姓语言，努力吸收和提炼人民的口头语言，丰富自己的艺术再现力，在文学语言方面开一代风气之先。

关汉卿是一位伟大的戏曲作家，在中国戏曲史上占有重要地位，被后人列为"元曲四大家"之首。他的《窦娥冤》是元代杂剧杰出的代表作。

马致远作《汉宫秋》

元代是杂剧创作的兴盛时期，出现了较多优秀的剧作家和好的作品。马致远及其所创作的《汉宫秋》就是其中一个典型的例子。

马致远（约1250年—1321年至1324年间），字千里，号东篱，大都（今北京）人。早年曾热衷于功名，任江浙行省务官，无奈仕途艰难，并不得意，晚年隐居山林，以诗酒度日。

《汉宫秋》取材于汉代王昭君出塞和亲的历史故事，但并不拘泥于史实，而是在民间故事的基础上，结合历代史书的记载及历代文人的咏唱的思想情绪，对这一历史故事进行了再创造，因此情节有较大的变动，主要表现在以

下几个方面。首先，剧本把当时历史背景改为匈奴强盛，汉朝在匈奴的压迫下，派遣昭君出塞，这样一来，昭君便成了爱国者的形象。其次，将毛延寿塑造成一个卖国求荣的形象，他因仕途不达而将昭君画像献于匈奴，从而使匈奴侵略汉朝江山。最后，剧中描写昭君离开京城后，未到匈奴便投江自尽，报效国家，这与历史上王昭君到达匈奴且生儿育女有所变化，目的还是为突出王昭君的爱国者的形象。全作以汉元帝与王昭君的爱情为主线，借昭君出塞揭露汉朝文武百官在外族侵扰面前所表现出的怯弱和无能。马致远创作《汉宫秋》的最终目的是借剧中汉代朝廷的无能来抒发他内心的感情，痛斥宋、金亡国之臣的腐败和昏庸。《汉宫秋》的艺术成就较高，全剧结构紧凑，写景抒情，较贴切地表达了人物思想，尤以第四折《满庭芳》为最，被清代的焦循评为"绝调"。

马致远的杂剧作品十分丰富，除《汉宫秋》外，其他作品达15种之多。如《青衫泪》，来源于白居易的《琵琶行》，描写白居易与妓女的爱情故事，抒发了作者本人仕途坎坷的情绪。《荐福碑》叙述书生张镐穷困潦倒，寄居福寺中，借以抒发作者怀才不遇之感。

此外，他还有一些"神仙道化"杂剧，这与元代时期道教兴盛有关。如《吕洞宾三醉岳阳楼》，描述吕洞宾在岳阳楼超度柳树成精，《陈抟高卧》则叙述宋道士陈抟拒绝功名利禄，归隐山林，遣责了当时社会的黑暗，提倡修道成仙的消极情绪，对后世宗教剧的创作影响很大。

白朴作《梧桐雨》

白朴（1226年—1306年），元代杂剧作家，为元曲四大家之一。字大素，号兰谷，初名恒，字仁甫。隩州（今山西河曲附近）人。他自幼聪慧，善于默记，早年习诗赋，父亲白华曾任金朝枢密院判官。白朴幼年时逢金国覆亡，饱经战乱，幸有金末诗人元好问多番扶持并加以教育，得以具备较高的文学修养。金亡后，白朴随父依元名将史天泽，客居当时北方重要的戏剧演出点真定，后又漫游大都（今北京），与关汉卿一同参加过玉京书会，并到过汴梁（今开封）、杭州等戏剧演出较盛的城市，终身未仕。白朴一生作有杂剧16种，现存《墙头马上》和《梧桐雨》两种，都是元杂剧中的优秀作品。

杂剧演出图（壁画）。其中身穿红袍，双手执笏板的可能就是忠都秀（主要演员的艺名）。

《梧桐雨》全名《唐明皇秋夜梧桐雨》。根据唐人陈鸿《长恨歌传》改编而成。标目则取自白居易《长恨歌》"秋雨梧桐夜落时"诗句。该剧叙述的是唐明皇与杨贵妃的故事。前三折写唐明皇在唐朝进入"开元盛世"后，自以为天下太平，宠爱杨贵妃，长生殿上，沉香亭舞霓裳，朝歌暮宴，荒废朝政，导致"西风渭水，落日长安"的败象和六军诛杀杨贵妃而"君王掩面救不得"的惨景。通过舞台艺术形象表现了封建王朝盛极而衰的历史过程。后一折根据《长恨歌》"春风桃李花开日，秋雨梧桐叶落时"的诗意，通过细致的心理刻划来表现人物的精神面貌，把唐明皇忆旧、伤逝、相思交织搅扰的心理和雨打梧桐的凄凉萧瑟的氛围融为一体，形成一种诗剧的境界。

白朴的《梧桐雨》最富于时代特色。通过唐明皇的形象和遭遇，概括了

一代王朝兴亡的变化。作品既保留了对李、杨爱情的欣赏和同情，又根据作者自己的时代感受，加强了对李、杨骄奢淫逸的批判力度。在李、杨爱情故事背后，隐藏着国家兴亡的重大主题，剧中弥漫着的那种人世沧桑的感伤情调，就带有金亡国的时代特征。这也成为《梧桐雨》的一个重要艺术特色。

《梧桐雨》是白朴的代表作。全剧结构层次井然，曲词文采飘逸而又本色自然，诗意浓厚，具有强烈的艺术感染力，对后来的戏曲影响很大。

郑光祖作《倩女离魂》

郑光祖，元代戏曲作家，是元曲四大家（其他三位为关汉卿、白朴、马致远）之一。字德辉，平阳襄陵（今山西临汾附近）人，生卒年不详。曾任杭州路吏，为人正直，重情谊，不妄与人交。名扬天下，被人尊称为"郑老先生"，所创作杂剧共18种，在当时"名闻天下，声振闺阁"，流传至今有8种，其中《倩女离魂》是其代表作。

《倩女离魂》全名《迷青琐倩女离魂》，根据唐陈玄祐的传奇小说《离魂记》改编而成。作品描写了张倩女与王文举经父母指腹为婚，倩女母因为文举功名未就，不许完婚，倩女因而怏怏病倒，后文举又赴京应试，她的灵魂离开躯体去追赴心爱之人，相随3年，直至王文举高中后回家，才与身体相附，灵肉合一，遂与文举成亲。作品以浪漫主义手法塑造了一个在思想上挣脱封建礼教束缚，大胆追求爱情和自由生活的女性形象。作品中的倩女具有双重身份：作为客观实体的人和作为虚幻的精魂。作为客观实体的人，倩女在追求爱情上受封建家庭和社会的压抑而实现不了自己的意愿，作为虚幻的精魂，则实现了生活中自己所不能实现的追求，理直气壮地肯定自己私奔的行为，置封建礼教规范于不顾，情愿"荆钗裙布，愿同甘苦"。从倩女身上，表现了封建社会中女子性格的两个方面：在封建礼教禁锢下精神负担的沉重

和对自由爱情的强烈追求。

清人梁廷楠称其"灵心慧舌，其妙无对"，近代大师王国维赞其"如弹丸脱手，后人无能为役"，这是对郑光祖所作《倩女离魂》的最好评价。

戴侗著《六书故》

戴侗，字仲达，浙江永嘉人，所著《六书故》33卷，卷首附《六书通释》1卷，刊行于元延佑七年（1320年），是一部以六书理论来分析汉字的字书。戴侗认为六书之学是读书的门径，而学者不讲已久，一般人想学它又往往不得要领，所以他就《说文解字》订其得失，重新解释六书的意义。

《六书故》在编排体例上作了新的尝试，突破了《说文》的540部首而另立479目。这479目，包括"文"189目，"疑文"45目，字245目。并以文、疑文为"母"，字为"子"，作者认为一切文字均可以统摄于这234个"母"下。

这479目，又按字义分为以下9类：数、天文、地理、人、动物、植物、工事、杂、疑。每目之下再按六书编排文字。六书排列次第为：象形、指事、会意、转注、谐声、假借。

该书在文字材料方面，不拘于小篆，大胆采用钟鼎文，用新意来说解文字。如说"壴"像鼓形、"鼓"为击鼓。书中对本义、引申义、假借义三个概念分得很清楚，每字之下明确列出各义项。本义或称"正义"，假借义称"借"，引申义称"引而申之"、"引之"、"因之"等。该书对文字和语言的关系也有较为正确的认识。戴侗认识到先有语言，后有文字，词的意义和语音形式并存，而意义并非产生于文字。所以，他主张探求字义时，不仅要"因文以求义"，还要"因声以求义"，他说"书学既废，章句之士知因言以求意矣，未知因文以求义也；训诂之士，知因文以求义矣，未知因声以求义也。夫文字之用，莫博于谐声，莫变于假借。因文以求义而不知因声以求义，吾未知其能尽文字之情也"(《六书通释》)。

此外，他明确提出了"一声之转"、"声近义通"等原则。这些原则均为清代学者所接受，并发展为一种完整、有效的训诂方法。

张养浩作《潼关怀古》

张养浩对人民疾苦深表同情，做官时敢于直谏，为抗旱救灾身体力行，这种关怀下层劳动人民的高贵品质也时常出现于他的散曲作品之中。其中最重要、最出色的散曲作品当推他创作的《潼关怀古》："峰峦如聚，波涛如怒，山河表里潼关路。望西都，意踌躇，伤心秦汉经行处，宫阙万间都做了土。兴，百姓苦；亡，百姓苦。"他在怀古浩叹之际能联想到百姓的疾苦，比同类题材的散曲作品要高出一筹，寥寥数十字，说了一句大白话，说了一句大真理，其艺术成就是相当高的。

张养浩（1270年—1329年），字希孟，号云庄，济南人。历任翰林学士、礼部尚书、参议中书省等职。因父老辞官，屡召不赴。文宗天历二年（1329年），关中大旱，特拜为陕西行台中丞，前往救灾，到任不过4月时间，终因劳瘁去世。

他的散曲多是在辞归故里后所写。数十载宦海沉浮，使他对世态炎凉有更切身的体察，因此能写出相当真切的作品。如"才上马齐声儿喝道，只这的便是送了人的根苗。直引到深坑里恰心焦。祸来也何处躲？天怒也怎生饶？把旧来时威风不见了"（《朱履曲·警世》），作者感触至深，因此能写出如此沉重的句子。而当他归隐田园，轻松自如的心情又跃然纸上，"中年才过便休官，合共神仙一样看"（《双调·水仙子》），"挂冠，弃官，偷走下连云栈，湖山佳处屋两间，掩映垂杨岸"（《中吕·朝天曲》）。他的一些散曲中常写与鸥鹭为伴，与云山为友，他吟咏山水的优秀篇章也不少，然而有时过于低沉，他的理想只不过是远离红尘去过田园生活，以远祸全身。

《太和正音谱》说张养浩的散曲如同"玉树临风"，指出他的作品格调高远。他的作品文字显白流畅，感情真朴醇厚，无论抒情或是写景，都能出自真情而少雕镂，《潼关怀古》小令，以及一些写退隐生活的作品，可以代表他的艺术风格。然而他的写景的散曲中，也有一些工丽清逸的作品，如"一江烟水照晴岚，两岸人家接画檐，芰荷丛一段秋光淡"（《水仙子·咏江南》），"鹅立花边玉，莺啼树杪弦"（《庆东原》）等句，表明他的作品在总的艺术格调中还有所变化，散曲色调比较丰富。

张养浩著有散曲集《云庄休居自适小乐府》传世。据《全元散曲》所辑，今存小令 161 首，套数 2 首。

张养浩撰《为政忠告》

张养浩（1270 年—1329 年），字希孟，济南（今属山东）人。博通经史。经大臣不忽木荐为御史台椽，出任堂邑（今山东聊城西）县尹，在职 10 年，政绩卓著。武宗时任监察御史，上疏直言指陈时政，得罪权贵，被免职。仁宗时以礼部侍郎主持贡举，升礼部尚书。英宗时任参议中书省事，不久因父老弃官归养。文宗天历二年（1329 年），陕西大旱，特封为陕西御史台中丞，出赈灾民，于任期间去逝。后元朝追封他为滨国公，谥文忠。著有《为政忠告》、《归田类稿》及散曲集《云庆休居自适小乐府》传世。

《为政忠告》，一名《三事忠告》，包括《牧民忠告》、《风宪忠告》和《庙堂忠告》三部分。书中总结了作者出任县令、御史以及在中书省任职期间的施政经验，同也专门论述了官员康政问题。思想内容主要有如下三个方面：一是发挥了传统儒家学说中的民本思想，要求为政者有重民、富民、恤民的爱民观念，同时还要勤于职守，尽责尽力，注重调查研究，详细了解政务，

以便采取适当措施治理好国家，让老百姓富裕起来，并对灾民和鳏寡孤独无依无靠的人给予适当帮助。二是阐述作者廉洁公正的思想。首先他认为廉洁公正是为政者必备的道德品质。要做到廉洁，为政者必须管好自己，管好家人，管好吏员。要作到公正，为政者必须在选拔人才、处理政事方面坚持公正原则。三是阐述了从严治官的思想。他认为，治官最重要的一条原则是赏罚分明；各级官员都应当对自己属下官吏加强教育，严格管理；监察官员要忠于职守，铁面无私，勇于纠绳奸罪，严格对违法官吏进行纠弹。

苏天爵撰《元朝名臣事略》

苏天爵（1294年—1352年），字伯修，真定（今河北正定）人，人称滋溪先生，是一个学问深、见识高的史学家、诗人、文学家和文献整理者。他鉴于宋朝以来史官不能尽职，所记事迹很多歪曲了事实，便以一人之力编纂了《辽金纪年》以及分15类编纂了《国朝文类》70卷，时人称赞说："是则史官之职也，夫必有取于是也。"他还著有诗稿、文稿等多种。

苏天爵最有成就的代表作是他撰写的《元朝名臣事略》（初名《名臣事略》或《国朝名臣事略》）15卷。这是一部关于元朝前期、中期的人物传记，大约撰成于元文宗天历二年（1329年），收录了元初至延祐年间（1314年—1320年）从太师诸王以下文武大臣共47人入传，按蒙古人、色目人，汉人、南人的秩序加以编次，多根据各人的墓碑、墓志、行状、家传或一些可信的杂书来撰述，凡引用的材料均标明了出处以表明其可信度。全书从穆呼哩开始，到刘因结束，秩序井然，线索分明，反映出苏天爵的严谨精神。

这本书的最显著特色是着重于对人物资料的搜集、整理、编辑，撰写者主要撰写各篇传纪前面的提要，用来交代传主的名讳、郡望、任官、卒年及享寿多寡。读者读了前面的提要，再读后面的"事略"，就非常清楚明了，可

朱德润的《松溪钓艇图》卷。朱德润（1294年—1365年），其画承赵孟頫的文人意趣，多写文人学士在山林里的游赏闲居和雅集活动，所画林木疏秀苍润，笔势劲逸奔放。图中松树用笔尖劲爽利，精巧有致。坡石皴法婉和温润，浓淡相间。人物用白描法，笔简但神态生动。画风学李成和郭熙。

以留下深刻、全面的印象。此书另一特色是生动地反映出了传记中人物神采各异、事功卓越的风貌。这本书在编纂方法上参考了朱熹的《名臣言行录》的体例而始末较详，又参考了杜大珪的《名臣碑传琬琰集》而不尽录全篇，有所弃取。后代人撰书多以此书为参照，后人曾评价它"不失为信史"，说明了这部史书的突出成就。

回回诗人萨都剌作《雁门集》

至正三年（1343年）八月，萨都剌所作《雁门集》一书刊行问世。

萨都剌，字天锡，号直齐，回回诗人。先辈随蒙古军东来，在雁门定居。

严陵钓台图轴　萨都剌作

泰定四年（1327年）考取进士，官至燕南河北道肃政廉访司经历。他擅长以各类诗体抒发情感。诗风清面俊逸，有独特风格。所作的讽刺诗，对元朝黑暗统治诸多揭露。他的山水诗描绘如画的自然风光，洋溢着新鲜的风土色调和异乡情趣。词作不多，但质量很高。

《雁门集》亦称《萨天锡诗集》，收入了作者大部分作品，原8卷，今已散佚。明以后刊行诸本分卷不同，增入部分集外诗作，后传诗700多首。另著有《四湖十景词》。

他的诗词中，《念奴娇·登石头城》和《满江红·金陵怀古》乃是传诵一时的名篇。特别是《满江红》一首，更是情景交融，意境深远，丰神豪迈，气势恢宏，实为词中珍品。

欧阳玄著《至正河防记》

至正四年（1344年），黄河在白茅（今山东曹县境内）及金堤决口北流。至正十一年（1351年），贾鲁以工部尚书兼总治河防使主持堵口。当年堵口完成，黄河主流复行原道，东南经徐州等地入淮归海。为此，朝廷特命翰林学士欧阳玄撰制河平碑文，以表扬功绩。欧阳玄在访问贾鲁及有关人员和查阅了大量施工档案的基础上，写成《至正河防记》一书，对本次黄河大决口进行了技术性的总结。

《至正河防记》详细叙述了贾鲁的堵口治河方略、施工技术和施工过程，指出当时施工方法有三：疏，即分流减涨，因势利导；浚，即河槽清淤除障；塞，即拦截决水从而堵口。疏浚分四类：挖生地为新槽，避弯取直；浚故道使高低相配，有一定坡降；整治河身，使堤距宽窄适应水势；开减水河，使涨水有所分泄，减轻主槽负担。施工步骤是：疏浚决口前原道及减水河，总长 280 多里；修筑堤防，如北岸白茅河口向东曾修堤 254 里多；先堵较小缺口 107 处及豁口 4 处，最后堵塞主要决口，修筑截河大堤（即堵口大坝）长 19 里多；创造了用装石沉船法筑成的挑水坝（石船堤），挑溜归入主河槽，减轻决河口门流势等。该书记载的这些工程技术与实践，代表了 14 世纪中国水利科技的最高成就，在河工史上具有重要的地位。

刘基作《郁离子》

刘基（1311 年—1375 年），元末明初文学家，政治家，字伯温，青田（今属浙江）人。

《郁离子》是刘基于元末隐居时所写的一部具有独特风格的寓言体散文集，共 18 章，195 节，章有题，节无题。通过生动活泼的寓言故事和发人深思的议论，表明其对社会政治问题的看法。他的用意是向统治集团讽谏，以实现封建制度长治久安。有感而发，引古证今，在讽谏中，也揭露了当朝者昏庸腐败、自私贪婪。如"晋灵公好狗"、"灵丘之丈人善养蜂"、"卫懿公好禽"等节，描写都很精彩，揭露的问题都很深刻，特别是"有养狙以为生者"一节，写"狙公"命令众猴子为自己采摘草木果实，众猴开始任劳任怨，后来忽然醒悟过来，打破栅栏逃归森林，不复回来。通过这则故事，反映了在统治者的高压剥削下，劳动人民必定要起而造反的道理，讲理生动而深刻。

刘基作《春兴诗八首》

此外,《卖柑者言》也是其传诵极广的散文,文章借卖柑者的话,"世之为欺者不寡矣,而独我也乎?……今夫佩虎符坐皋比者,……果能授孙吴之略耶?峨大冠,拖长绅者……果能建伊皋之业耶?"深刻揭露了元末统治阶级"金玉其表,败絮其中"的腐朽本质。文章以形象化的方法说理,比喻生动,犀利泼辣,引人深思。

除散文外,刘基的文章成就还表现在诗歌方面,他的诗歌风格多样,雄浑、婉约、奇崛、天然兼容并包,卓然成家。其中又以乐府、古体诗为代表,反映的都是当时社会上很明显的不公现象,尤其是社会的动乱和人民的疾苦。农民在连年战祸之下的悲惨现状,在他的诗中得到很大的反映,"平民避乱入山谷,编蓬作屋无环堵"。在战争年代,官府兵吏不仅不为民解忧,反而还增添祸乱,"盗贼官军齐劫掠,去住无所容其身。"甚至他还讽刺封建朝廷当权者在战火纷飞的年代,依然沉迷于声色享受,"浪动江淮战血红","新向湖州召画工",在他所有的诗篇中,基本上都贯穿着一个同情弱者、鞭挞统治当局的中心思想,具有强烈的现实意义。

刘基的诗作,收集在《郁离子》5卷、《覆瓿集》20卷、《写情集》4卷、《梨眉公集》5卷、《春秋明经》4卷中,后汇编成《诚意伯文集》20卷,现通行本为四部丛刊本《诚意伯刘文成公文集》20卷。

高明所作《琵琶记》上演

　　高明（？—1359 年），字则诚，号菜根道人，温州瑞安（今浙江瑞安）人。早年乡居，后来热衷科举，中进士做了官，但仕途并不亨通。他性情耿直，不趋炎附势，解官后归隐在宁波南乡的栎社，以词曲自娱。他知识渊博，工诗文、词曲，《琵琶记》就是在这一时期（至正十六年，即 1356 年后）完成的。

　　《琵琶记》是民间流行的故事，南宋时就已成为民间讲唱文学和戏文的题材。主要内容是书生蔡伯喈不顾父母，遗弃妻子，结果被暴雷震死。高明的《琵琶记》根据民间戏文改编，在内容上做了大改动。讲书生蔡伯喈去京城赴试，中了状元，因牛丞相要招他做女婿，被迫重婚，妻子赵五娘在天灾人祸中，罗裙包土替公婆筑坟，然后一路行乞进京寻夫，因牛氏贤德，最后一夫二妻大团圆。

　　作者在开场的曲子里提出了"不关风化体，纵好也徒然"的文学创作主张，要观众对《琵琶记》"只看子孝共妻贤"，宣扬了封建伦理道德。作者为蔡伯喈安排了一个他不肯赴试，父亲不从，他要辞官，皇帝不从，他要辞婚，牛丞相不从的"三不从"情节，想通过这个人物来宣扬封建孝义，但对他的思想挖掘不深，很难辩护他的许多不负责任的行为，强行捏合一些细节，在戏剧情节发展的过程中，出现了一些漏洞。

　　《琵琶记》的出现是元末明初南戏振兴的标志之一，是南戏由民间文学过渡到文

明代抄本《琵琶记》

人创作的转折点，它的艺术成就表现在结构方式、心理描写、语言运用方面。

《琵琶记》的结构方式很有特色。全剧有两条线索，一是蔡伯喈求取功名的遭遇，二是赵五娘在灾荒中的遭遇，两条线索瓦相交错发展，到剧末融合在一起。作者一方面写蔡伯喈陷入功名，享尽荣华富贵；另一方面写赵五娘担负家庭生活的重担，苦不堪言。这两种处境形成了鲜明的对比，暴露了社会贫富悬殊和苦乐不均的社会矛盾，加强了悲剧性的戏剧冲突。

明人演《琵琶记》图

《琵琶记》描写人物的心理活动非常细致入微。在"糟糠自厌"的场面里，赵五娘因生活困苦不得不吃糠，因糠难于下咽而以糠自比，由自己的悲惨命运想到杳无音讯的丈夫，这是在封建制度下不能掌握自己命运的妇女的自白。

在语言的运用上，不论是曲和白，都善于用口语来揭示不同人物的思想感情，将心曲隐微刻写入髓，委婉尽致。人物由于身份、地位的不同，语言风格也不一样，切合他们的气质。牛丞相、牛氏和蔡伯喈的语言比较典雅，而赵五娘、张广才则较朴实。

宋濂主编的《元史》成书

明洪武四年（1371年）二月，宋濂主编《元史》成书。

《元史》是记载元朝史事的纪传体史书。共210卷，包括本纪47卷、志

58卷、表8卷、列传97卷，记载了从成吉思汗至元顺帝约160年间蒙古、元朝的历史，尤以元朝史事为主。该书依据实录、后妃功臣列传及诸家所撰行状、墓志，表、志，依据《经世大典》等书而撰成，因此书中保存了不少原始史料，尤以天文、历史、地理、河渠等四志材料最为珍贵，是研究元史的基本资料之一。

《元史》以比较完全的纪传体皇朝史的形式记述元代的历史，视

《元史》书影。明洪武年内务府刻本。

野宏大，内容丰富，并在一些方面显示其独具的特色，为它书所不可代替。由于元朝的十三朝实录和《经世大典》均已失传，赖《元史》得以存其精华，更加重了《元史》的文献价值。《元史》的本纪和志占全书篇幅过半，而本纪占全书近1/4，作为研究元朝历史的史料来看，《元史》的史料价值更高于某些正史的收录。

《元史》修撰的时间，前后只有11个月，成书之速也给它带来了不少缺陷、讹误，一些史事又未加详细考核订正，又未曾利用元代的一些重要资料，因此，如蒙古族的源流发展、中西交通等重要史迹，亦多未加叙述。译名、史实也存在不少错误，对资料的处理也缺乏融汇贯通功夫，有的照搬沿用案牍原文，文辞也欠斟酌推敲，故为后来学者所非难。

《元史》的编成，成为记述元代历史的最可信赖的著作，为后人研究元代历史提供了宝贵资料。

施耐庵作《水浒传》

　　施耐庵写成的章回小说《水浒传》是中国英雄传奇的最杰出的代表作，主要描写北宋末年宋江等领导的农民起义发生、发展直至失败的过程。

　　施耐庵，生平不详，一般认为是元末明初人，与罗贯中生活在同一时代。

　　《水浒传》在成书前经过长期的演变，宋元时期，宋江等人的事迹在民间广泛流传。杂剧家也创造了很多水浒戏。而把这些简单、零散的人物和故事汇聚到一起，写成规模宏大、内容丰富的长篇小说是元末明初文学家施耐庵

《水浒传·单身劫法场》

《水浒传·秦张乔生衙》

的功劳。

《水浒传》是第一部以民众反抗斗争为题材的长篇小说，它以艺术的形式真实地反映了封建社会的腐朽、黑暗，揭示官逼民反的社会现实。小说的结局充满了悲剧气氛，使作品"自古权奸害善良，不容忠义立家邦"的思想得到进一步揭示。尽管如此，《水浒传》讴歌的英雄主义仍是作品最激动人心的地方，作者往往集中几回刻画一个或几个主要人物，特别是对宋江形象内心矛盾的细致描写，把他内心中正与邪、言与行、行与思、真与假、悲与喜等重要矛盾揭露得淋漓尽致，从而塑造了中国文学史上不多见的具有复杂性格的形象。同时作者还大量运用合理的想象和艺术的夸张，通过传奇性情节，使英雄人物达到理想化的境界。

《水浒传》的语言是以口语为基础，经过加工提炼而创造的文学语言，其特点是准确、形象、生动，明快，无论是叙述语言还是人物语言，大都惟妙惟肖，有浓厚的生活气息，人物语言的性格化达到了很高的水准。通过人物语言，可看出其出身、地位及所受文化教养而形成的思想习惯、性格特征。

《水浒传》的成功再次证明民间创作和文人创作相结合是中国古代小说发展的动力，在它的影响下，陆续出现了大批英雄传奇。作为《水浒传》余绪的陈忱的《水浒后传》就是比较优秀的作品，它热情地歌颂了梁山英雄的抗争精神，寄托了深切的爱国思想。

丘濬著《大学衍义补》

弘治四年（1491年），文渊阁大学士丘濬著成《大学衍义补》，提出了一系列富有创见的重要经济理论。

丘濬（1420年—1495年）字仲深，号深庵，琼州（今海南琼山）人。幼孤寒而聪慧，读书能过目不忘。举乡试第一。景泰五年（1454年）进士，授编修。官至礼部尚书、文渊阁大学士，掌内阁四年。曾参与修《英宗实录》、《宪宗实录》。他遍读群书，学识极为渊博；诗文、剧作皆有造诣。但影响较大的，则是他的经济思想。这些思想，大都体现在《大学衍义补》一书中。

《大学衍义补》共 160 卷；内容涉及政治、经济、文化、教育、司法、军事等各个领域。其中的"固邦本"、"制国用"两部分，凡 23 卷，分类摘录了前人有关经济的一些记述，并提出自己独到的见解。

丘濬认为，"富民"的存在是社会发展的需要，应予保护，不能"夺富予贫"。他提出了解决土地问题的"配丁田法"，并主张商业应任由民间经营，国家不应与商贾争利。他批评桑弘羊的均输、平准和盐铁国营政策不足取；主张尽量扩大商人的活动领域，放手让民间开展海外贸易。他反对向商人课以重税，说："贫吾民也，富亦吾民也，彼之所有，孰非吾之所有哉。"这些观点，对于促进商品经济的发展具有积极的意义。

更为可贵的，是他在记述钱币与纸币的关系时，接触到了劳动价值的观点："世间之物是生于天地，然皆必资的人力，而后能成其用。其体有大小精粗，其功力有浅深，其价有多少。"（《铜楮之币》）。即：物"价"（价值）的大小，取决于"功力"（劳动量）的深浅。其认识虽然还不够完善，但丘濬比西方的经济学家早一百多年接触并谈到了劳动价值问题。这在当时无疑是一个难得的重大发现。

丘濬反对发行不兑现纸币，强调"物与币两相当值"，提出了以银为上币，钱为中币，钞为下币的币制改革方案。他认为理财要"为民而理"，反对将国家财政"专用之以奉一人"。这已带有"犯上"的意味了。

丘濬在《大学衍义补》中阐述的经济思想，是于明王朝从全盛走向衰落，而城市工商业的发展正是在逐步孕育着资本主义的背景中形成的。他是中国明代中叶经济思想的重要代表人物。

此外，《大学衍义补》中有关政法的内容，还开创了中国古代比较法律制度研究的先例。他认为刑狱的目的是"去天下之梗"，德、礼、刑、政均不可或缺，立法须以便民为本，执法则要"坚如金石，信如四时"，并主张"慎刑

恤狱"。

丘濬还作有传奇《五伦全备》、《投笔记》、《举鼎记》、《罗囊记》等。有《丘文庄集》传世。

丘濬晚年，屡次上奏乞归故乡，但明孝宗极力挽留。弘治八年（1495），丘濬在北京去世，终年 75 岁。

高濂著《遵生八笺》

高濂，字深甫，别号瑞南道人，浙江钱塘（今浙江杭州）人，约明神宗万历初年在世，他幼时体弱多病，眼睛患上了"瞆迹"，于是有"忧生之嗟"，故"癖喜谈医"。后经多方咨访奇方秘药，用以施治，居然少时的病全治好了，于是他对医学产生了很大兴趣，平时注意收集有关医药方面的知识，终于编成《遵生八笺》，共 19 卷 50 余万字。

全书以养生延寿为主旨，从八个方面（即八笺）论述和介绍了祛病延年之术。

《清修妙论笺》摘录了名方确论 250 余则，或论修身养性之道，或述保精惜气之方，或言永年天生之理，或明弃私去欲之义。文中列举百"病"以警人，列举百"药"以治病，使人认识养生导引的重要性。

《四时调摄笺》分春、夏、秋、冬 4 卷，根据四时季节的不同变化，详细地阐明和介绍了不同的调养之道，同时辑有《陈希夷二十四气坐功》、《灵剑子导引法》等根据季节进行的气功术以及治疗各种季节痛症的方剂 40 余种。

《却病延年笺》以气功导引为主要内容，有《修养五脏坐功法》、《治百病坐功法》、《八段锦导引法》等，还辑有按摩法，如《太上混元按摩法》、《天竺按摩法》，另有《高子三知延寿论》、《色欲当知所戒论》、《身心当知所损论》等，立论多警策，切近易行。

《饮馔服食笺》把饮馔服食作为养生一个主要内容，作者以"日常养生，务尚淡薄"为宗旨，对饮茶和饮膳各方面的知识进行了介绍，并录入日常保健之药 24 种，服食方剂 40 种。

《燕闲清赏笺》把赏鉴清玩作为养生的一个重要内容，其所涉器物十分广泛，有古铜器等的辨识，有历代碑帖等的赏玩，有葵笺等制法，有各种名香的品评，有花、竹、盆景的诠评及名花栽培和护养。

《灵秘丹药笺》为医药方剂专章，内容为三类：一为作者多方咨访而得，并有征验，属秘传而有奇效的膏丹丸散及药酒 30 余种；二为作者抄录客谈经验奇方 30 余种；三为作者自云当"执之专科"的百余种单方。

《起居安乐笺》由《恬适自足条》、《居室安处条》、《晨昏怡养条》、《溪山逸游条》、《宾朋交接条》等组成，全笺围绕"节嗜欲，慎起居，远祸患，得安乐"这一中心进行讨论。

《尘外假举笺》录入了尘外高隐凡百人，欲求"心无所营，物无容扰"，得以"养寿怡生"。

这本书内容中虽然有许多迷信和不科学的地方，但作者能够全面地看待一切与人体养生有益的内容，并加以阐述，不能不说是一种进步，它也表明，明人对导引养生的认识深化了。

李玉领导苏州派

明末清初，苏州及附近地区出现以李玉为中心的戏曲作家群，有李玉、朱佐朝、朱素臣、叶时章、邱园等十几位专业作家，史称"苏州派"。苏州派是中国戏曲史上阵容最强大、成果最显著的一个流派，活动四五十年，创作了约 150 部剧本，有近 60 种全本传世。

苏州派作家多是专业戏曲作家，创作力特别旺盛，作品很多，但刊刻极

笠翁十种曲插图·怜香伴

少，现存的多为舞台演出抄本。他们的作品表现出的思想内容比较复杂，一方面富于强烈的现实批判精神，一方面又浸透了浓重的封建伦理观念。

艺术上，苏州派戏曲作品总是密切联系舞台实际，剧本形式短小精悍，长则30余出，短则25出，一反明代传奇长篇累牍的状况，是一种大胆的革新。他们的剧作故事性强，情节曲折，穿插了许多激动人心的场面，多采用双线并行的结构，角色设置均匀得体，音乐、语言等各方面都适宜舞台演出。这些特点，使苏州派成为清初剧坛上独树一帜、影响深远的派别。

苏州派代表人物李玉字玄玉，号苏门啸侣，江苏吴县人，生活在明万历到清康熙年间，他出身低微，潜心进行戏曲创作和研究，剧作录于各种曲目书中的有42种，其中《一捧雪》、《人兽关》、《永团圆》、《占花魁》、

朱素臣《秦楼月传奇》插图

《清忠谱》、《千钟禄》等18种存有全本，其余部分或全部失传。他的代表作前期为"一、人、永、占"，以描写人情世态为主要内容，后期作品较多描写历史上和现实中的政治斗争。《清忠谱》是他最重要的作品，写天启年间发生在苏州的市民斗争，成为我国戏剧史上迅速反映当代重大社会事件的著名作品。

苏州派作家的努力，促进了清初昆曲创作的繁荣，为清代前期出现以"南洪北孔"为代表的戏曲高潮奠定了基础。

诗人叶燮病逝

康熙四十二年（1703年），著名的诗歌理论家、诗人叶燮去世，享年76岁。

叶燮，又名世倌，字星期，号已畦，苏州府吴江人。叶燮出身于世代仕宦和书香家庭，父亲叶绍袁是明代进士，后因厌恶官场生活，辞职回家。叶绍袁的子女都能诗善文，全家人吟诗唱和，自相娱乐。在这样的家庭氛围熏陶下，叶燮4岁能诵《楚辞》，少年时即作诗词数百首。康熙初年，叶燮乡试中举，后又中进士，授江苏宝应知县。因拒绝克剥百姓，被弹劾去职。从此，他开始了长期的流浪生活。他曾游历泰山、黄山、庐山等，几乎踏遍了全国的名山大川，这大大地开阔了他的视野，丰富了他的生活。他的诗歌理论在当时广有影响。他不满意明代前后七子的复古论调，认为诗歌是人的感情冲动的产物；诗人应当敢于思考，打破传统偏见；诗人的志趣、理想以及对于生活的态度、认识和判断能力，是诗歌创作的基础，决定了诗歌的生命。叶燮推崇杜甫、韩愈、苏轼的诗，学习他们诗中沉郁、雄奇、豪健等特点。

叶燮的主要著作有《已畦集》、《已畦诗集》、《诗集残余》等。

毛晋校刻《十七史》

顺治十三年（1656年），毛晋校刻完成《十七史》。

毛晋，字子晋，号潜在，明末清初著名的藏书家和刻书家。入清以后，毛晋的藏书处"汲古阁"已藏书84000册，其数量在江南首屈一指，而且多为宋元善本。他利用这一有利条件，积极组织力量刻印《十七史》。当时汲古阁楼下两廊前后住满了刻印工匠，规模在海内刻书作坊中首屈一指。对刻书所用的纸，毛晋也颇为讲究，特定派人到江西定造，厚的称作"毛边"，薄的称作"毛太"（这些纸名以后仍沿用而不废）。他在清兵南下，乡里遭劫及动荡不安的形势下，仍不改初衷，拖着有病之躯，率领子孙、工匠不问寒暑，夜以继日地辛勤工作。顺治十三年（1656年），《十七史》终于校刻完成。此外，毛晋还曾校刻《十三经》、《津逮丛书》、《六十种曲》等。

戴名世《南山集》引起大案

康熙五十年（1711年）十月十二日，左都御史赵申乔参劾翰林院编修戴名世私刻文集，应予严治。康熙命令严加审查。次年正月二十二日，刑部开审戴名世《南山集》案。《南山集》是戴名世为诸生时所著，书中关于南明永历之朝事多采自其同乡方孝标所作《滇黔纪闻》。康熙二十二年，戴名世在"与余生书"一文中论写史时，就认为南明弘光政权在南京，隆武政权在闽越，永历政权在两粤和滇黔，地方数千里，首尾十七八年，史书对此应详加记载。康熙四十一年，《南山集偶钞》辑成时，方苞、朱书作序，龙云锷及戴名世的弟子方正玉捐资刊行。

康熙五十二年二月七日，刑部审察戴名世《南山案》后，戴名世被立即处斩；方孝标被锉尸骸。与此有关的方登峰、方云旅等充发黑龙江，方苞、朱书等均入旗当奴，遭受牵连者达数百人。

乾隆题诗《棉花图》

1765 年，方观承撰成《棉花图》，共有图 16 幅及文字说明。乾隆帝称赞之，并在每幅图上都作御题诗，《棉花图》遂成《御题棉花图》，广为流传，成为当时推广、提倡植棉和棉纺织技术的科普读物，并曾传至日本。

图谱反映了从棉花种植、采摘、收贩、初加工，到纺织、练染等有关农艺和工艺的主要过程，生动地描绘了当时植棉和纺织生产的状况和达到的技术水平。

纪昀主持编《四库全书总目》

《四库全书》编修完成后，乾隆帝又任命纪昀等负责编纂《四库全书总目》。各纂修官在纪昀的组织下开始对所有文献进行整理与编次，并写出各书提要，最后由纪昀确定《总目》体例，润饰或修订全书提要。乾隆五十八年（1793年）底，《总目》编成，交付武英殿刊版印行。

《总目》共200卷，分经史子集四部，四部之下又分44小类，小类之下又分子目。同类之书按时代先后编排，而把帝王著作放在开头，形成了结构谨严的等级分类体系。

《总目》在分类体系方面，特别是在小类的设置及类目的分合上颇多创新。它强调以图书内容作为分类的主要依据，如把帝王的诏令、臣属的奏议归属史部，因为其内容多涉及国家政治。同时注意依据图书数量的多少来决定类目的分合，如把传世著作较少的名、墨、纵横诸家并入杂家。至于四部以下的小类设置，则注重等级结构的从属关系和平行关系，以层层展开的类例体系反映学术发展的支分派别，如经部小学类分为训诂、字书、韵书，澄清了以往该类图书归属上的混乱。

《总目》作为中国解题目录的代表，在提要写作方面，总结了刘向以来历代官私目录提要的编纂传统，确立了内容详备、体例完善的提要形式，包括叙述作者生平思想、书籍内容以及辨订版本异同等。在提要内容上，《总目》提要多注重评论，指陈得失，以寥寥数语指出图书的学术价值，并指点求书从学的方法，突破了单纯罗列图书的一般程式，从更高的研究角度展现了一幅学术与文化的概图；而且还以考据见长，汇聚了当时考据学的重要成果。

除目录、提要之外，《总目》还有总序和类序。四部之首都有总序，简介学术的源流演变，勾勒图籍的兴衰分合，评论各学科的长短得失，使学者在查阅图书的同时，对图书要旨有一个概括的了解。四部以下各小类又各有小序，详细解释类目分并的原因以及各条目的具体意义。

《总目》中提要与类序的完善结合，不仅发扬了汉代目录学注重学术渊源流变的传统，也体现了清汉学家注重考校辨订、无征不信的严谨风格，使《总目》成为古典目录学的集大成之作，从而将传统目录学推向了巅峰。

《四库全书总目》是中国古代最大的官修目录，其内容上的博大精深及体例上的谨严完善，成为后世学者研究和模仿的典范。特别是它的分类体系，成为所有公、私目录的统一体例。之后百余年，公私目录都使用这种体系，直到十进分类法传入我国。

《随园诗话》作者袁枚去世

嘉庆三年（1798年）十二月，诗人袁枚去世，终年82岁。

袁枚，字子才，浙江钱塘人，12岁时补县学生；乾隆四年（1739年）进士，选庶吉士；历任江宁、溧水等地知县，后辞官，于南京小仓山筑"随园"，著有《小仓山房诗文集》、《随园诗话》等30余种。

袁枚的思想比较自由解放，对当时统治学术思想界的汉、宋学派都有所不满，特别反对汉学考据。他主张诗写性情，认为作诗不可以无我，即要有真性情，要有个性。他反对模仿唐宋、大谈格律、以书卷考据作诗的诗风，更不喜爱一切迭韵、和韵、作僻韵、用古人韵等来束缚性灵。袁枚对于诗的见解，对当时形式主义和拟古主义诗风，是一个很大的冲击。

魏源编《海国图志》

道光二十一年（1841年）夏，魏源受林则徐之托，继续编辑《海国图志》一书，较为全面系统地阐述、发展了包括龚自珍、林则徐的主张在内的有关政治、经济、科技、历史、地理、对外关系等方面的重要主张。《海国图志》50卷于道光二十二年（1842年）编成，全面系统地介绍了当时他所能收集到的世界地理和历史知识。

《海国图志》共分3个部分：

一、《筹海篇》。魏源总结了人民群众自发地进行抗英斗争和他在浙江前线筹议、指挥抗敌战事的经验和教训。

首先提出了以我之长，削敌之短的主张。他认为，敌人虽然船坚炮利，

《海国图志·火轮船说》

但远离后方，供应不济，主张在内河内地与敌周旋，"守外洋不如守海口，守海口不如守内河"。同时注重人民群众的力量，"调客兵不如练水兵，调水师不如练水勇"。

其次表达了向西方学习的思想。他认为，要抵御西方资本主义的侵略，首先要了解西方资本主义世界，尤其对西方的科学技术不能盲目排斥，"师夷长技以制夷"。其具体做法是：设译馆翻译西书，聘请外人传授制造技术，一方面造船制炮，另一方面培养训练技术人才。

此外，凡是有关国计民生的科学技术，如火车、轮船、起重机、天文仪器都可仿造。他相信："风气日开，智慧日出，方见东海之民，犹西海之民。"

二、《海国图志》依次介绍了亚洲、澳洲、非洲、欧洲、美洲各国的有关情况，分析了世界政治形势，指出英国是最强盛的西方资本主义国家。它利用商品输出对外扩张，开拓殖民地，还利用鸦片、商品、宗教、大炮将其势力扩展到世界各地。

书中介绍了英国发达的生产技术，记述了西方君主立宪制度、君民共主制度、民主共和制度等各种类型的国家制度。具体介绍了英国政治和行政制度。还介绍了美国的民主共和制：总统四年一选举，议会选举少数服从多数。书中还提到瑞士"国无苛政，风俗俭朴，数百年不见兵革"，"为西土之桃园"。

三、书中具体介绍了西方的军事科学技术，如轮船、枪炮、望远镜、水雷、地雷等武器的制造方法。

作为"开眼看世界"的第一批爱国的历史、地理学家，魏源及他所著的《海国图志》所提供的海外世界的新知识，对后世产生了巨大影响。

洋务派受此书启发，办起了中国近代军事工业和民用工业。

资产阶级维新派认为《海国图志》是了解西学的基础。

此书于道光三十年（1850年）流传到日本，人们争相诵读，对日本的维新变革也起到了启蒙作用。

黄遵宪作《日本国志》

清光绪十三年（1887年），黄遵宪著成《日本国志》一书。

黄遵宪（1848年—1905年），字公度，别号人境庐主人，广东嘉应州（今梅州市）人，光绪二年（1876年）中举。光绪三年（1877年），黄遵宪被任命为驻日本公使馆参赞。在日期间，他开始了解日本的历史、文化，尤为明治维新以来日本近十几年的巨大变化所吸引。光绪五年（1879年），他着手撰写《日本国志》。1882年，调任驻美国旧金山总领事，1885年，由美归国，谢辞他任，闭门编撰，1887年，终于书成。

《日本国志》分12类，

黄遵宪塑像

黄遵宪著作书影

40卷,《国统志》3卷、《邻交志》5卷、《天文志》1卷、《地理志》3卷、《职官志》2卷、《食货志》6卷、《兵忠》6卷、《刑法志》5卷、《学术志》2卷、《礼俗志》4卷、《物产志》2卷、《工艺志》1卷。

黄遵宪在《日本国志》里,肯定了君主立宪的政治体制。《国统志》记载了自古代至明治十一年八月的历史。于明治时期,则逐年逐月详细说明其维新改良措施。如元年（1868年）,记明治"亲临会公卿诸侯,设五誓:曰万机决于公论,曰上下一心,曰文武一途,曰洗田习、从公道,曰求智识于寰宇"。其后,种种"革故立新"之举,均由此开始。作者介绍了当时日本各个阶层、各种政治势力围绕着政体所展开的争论,给落后陈腐的中国提供了一个"政从西法、君主立宪"的道路。

黄遵宪还注重富国强兵、科技实学。他认为求强必须求富,求富之路,并非可以一蹴而就,维新带来的阵痛是难以避免的。富国强兵之道,绝离不开工艺实学的发展。他认为中国士大夫"喜言空理,不求实事之过"于国于民都非常有害。

黄遵宪还主张汉学、西学并重,兼而用之。他在《学术志》中叙述了汉学在日本的传播和发展的历史,然后又指出:明治维新以前,西学也在日本传播,那些从外国学校归来的人大都成了推动维新政治的得力人才;明治四年（1871年）设立文部省,全面推行西方教育制度和教学内容。黄遵宪批评中国存在着的对于西学的保守、狭隘看法,提倡国人在发扬汉学的基础上,大力学习西学,为我所用。

梁启超作《西学书目表》

光绪二十二年（1896年），梁启超撰写了介绍西方科学技术、政治思想和制度政策等方面的图籍举要《西学书目表》，并在同年九月的《时务报》上予以发表。

梁启超（1873年—1929年），字卓如，号任公，别号饮冰室主人，广东新会人。梁启超是清末维新派的代表人物，他认为"国家欲自强，以多译西书为本，学子欲自立，以多读西书为功"。

《西学书目表》包括正文与附卷，共著录甲午战争前我国翻译的西书600多种，分成学、政、杂三大类，将学（基础理论）放在政（应用技术）之前。学类有十三目：算学、重学、电学、化学、声学、光学、天学、地学、全体学、动植物学、医学、图学等。政类有十目：史志、官制、学制、法制、农政、矿政、工政、商政、兵政、船政。杂类有五目：游记、报章、格致、西人议论之书、无类可归之书。

书目正文以表格的形式列

梁启超少年读书处——广东新会文昌阁

举各类图书，并以表下加注释、表上加圈识等方式，评价介绍书的内容，指导读书的方法。书目正文后附有《读西书法》，讲述翻译西书的原由、以及各科之间的关系，译笔之优劣，并指出读书的先后顺序，突出了书目的推荐性。

《西学书目表》是第一部系统介绍西方科学技术、政治思想、制度政策等各方面图籍的有影响的书目。在它影响下，随后出现了不少专门介绍国外译书的目录；同时，它又是我国图书分类彻底突破传统四分法而向近代新分类法过渡的开拓之作，它开创了近代目录学的新时期。

章炳麟重订《訄书》

章炳麟（1869年—1936年），后改名绛，字枚叔，号太炎，浙江苏杭县（今属余杭）人。早年提倡维新变法，曾任《时务报》撰述。戊戌政变后被清政府通缉，逃往台湾、日本，阅读了大量西方资产阶级思想家的论著，萌发了反对清政府的革命思想，并参与了孙中山领导的资产阶级民主革命。

章炳麟于光绪二十六年（1900年）初将光绪二十三年（1897年）以来撰写的50篇论文编集为《訄书》出版。该书在政治上鼓吹变法维新，在哲学上体现了倾向于唯物主义和进化论的自然观。

章炳麟于光绪二十八年（1902年）至光绪二十九年（1903年）重订《訄书》，在哲学上继续保持唯物主义和进化论的思想倾向，政治上已由赞成维新变

章炳麟像

法转变为鼓吹"排满"革命，反映其政治思想的急剧转变。在重订本中，章炳麟对 1900 年以前的尊清思想进行了自我批判，并严厉批判了维新派，号召推翻满清政府的反动统治。他对 1900 年初刻本进行了大幅度的增减，主要增加了 1900 年以来所写的文章。重订本共收入论文 63 篇，"前录" 2 篇，"附录" 4 篇，1904 年由日本东京翔鸾社刊行，1906 年再版。《訄书》的重订，反映章炳麟接受了西方资产阶级民主主义思想并走上了革命道路，对当时资产阶级民主革命运动起着积极的推动作用。

《訄书》在内容上涉及的学术领域十分广泛，包括中国古代各时期各流派的学术思想以及历史、哲学、文学、社会风俗、民族、经济等。其中《天论》、《公言》、《原学》、《原人》、《原变》、《通讖》等篇，代表了他这一时期的思想成就。在这些文章里，章炳麟利用近代自然科学的一些新成果，论证了各原质成于以太、万物成于各原质的自然观，否定了天命论的说教。在发展观问题上，章炳麟接受了进化论思想。他认为从无机物到高等动物的进化都是"原质"发展和变化的不同形态，自然界和人类社会都经历了不断进化的过程，包括人在内的各种事物的发展变化都是没有穷尽的。生物的变化是生存竞争的结果，绝不是什么上帝的意志决定的。由此可见，章炳麟继承我国古代无神论的传统，结合西方近代的生物进化论，驳斥了"上帝造万物"的目的论，从而在根本上否定了为封建政权作辩护的宗教迷信和"天命论"。在《订孔》、《学变》等篇中，章炳麟还对中国哲学史上自先秦诸子下至明清各家的思想作了评判，认为孔子的道德和学术都不能和先秦诸子相比，更不

能和荀子相比，并批判了孔子的"虚誉夺实"和尊孔派的"苟务修古"，在思想界引起强烈的反响。

《訄书》文笔古奥，较难索解，但它作为章炳麟最早的论文结集，每个议题大都联系历史，引古证今，是一部半政治半学术的评述著作，对全面深入研究章炳麟早期的政治和哲学思想具有重要的意义。

柳亚子创办《二十世纪大舞台》

光绪三十年（1904年9月），柳亚子和陈巢南在北平创办中国最早的戏剧刊物《二十世纪大舞台》。柳亚子（1887年—1958年），初名慰高，后更名弃疾，字安如，改字亚庐、亚子。是著名诗人、戏剧活动家，江苏吴江人，清末秀才，曾加入孙中山的中国同盟会，后任孙中山总统府秘书，中国国民党中央监察委员，国共分裂后，长期从事民主运动。新中国成立后，他在中央政府任职。柳亚子早年就受到西方资产阶级文化的影响，18岁加入上海爱国学社，从事革命活动，并参加了戏曲改良活动，同陈巢南共同创办《二十世纪大舞台》，办报宗旨以"改革恶俗、开通民智、提倡民族主义、唤起国家思想为唯一之目的"。柳亚子撰写报刊的发刊词，指出戏剧具有强烈的感化作用，号召戏剧家在舞台上再现中国民族斗争及外国革命的历史，激发人民的斗志。刊物有文言、白话两种文体，内容包括了论著、传记、传奇、小说等十几个栏目，发表许多剧本，其反对清朝统治、反对帝国主义侵略的民族民主革命立场十分鲜明，在当时影响很大。但该报仅出两期便被清政府列为禁书查禁。

洪升作《长生殿》

洪升（1645 年—1704 年），字昉思，号稗畦，浙江钱塘（今浙江杭州）人，清代著名的戏曲作家。他出身于世代书香的仕宦家庭，少有才名，仕途不达。他于康熙七年（1668 年）赴北京国子监肄业，未能得官，失望返乡。康熙十三年（1674 年），洪升再度进京谋生。在旅食京华的 16 年中，他虽然历经坎坷，但孤傲清高，每每"指古摘今"，抒发对现实的不满。经过十余年努力，洪升三易其稿，于康熙二十七年（1688 年），写成了传奇戏曲《长生殿》，演出后轰动当时。次年却因在皇后丧期内演出该戏，洪升被下狱除名，从此失去仕进机会，时人对此有"可怜一曲《长生殿》，断送功名到白头"的评说。洪升失意回乡，晚年抑郁无聊，寄情山水，后因酒醉失足落水而亡。

洪升的戏曲创作成果颇丰，现知的就有 9 种。使他成名的是代表作《长生殿》。洪升在这部戏中把动人的爱情故事和广泛深刻的社会矛盾有机结合，展开了对当时社会、政治的描绘，使人们看到封建帝妃"逞侈心而穷人欲"造成了朝纲败坏、藩镇叛乱的局面，并导致了他们自身的爱情悲剧，在波诡云谲、风云变幻的广阔社会历史画面中揭示了一代王朝的盛衰。《长生殿》由此而成为同类题材中成就最高、影响量大的戏曲作品。

《长生殿》的主题思想与白居易的《长恨歌》一脉相承，并有所创造和发展。洪升借李、杨爱情这一传统题材表达他心目中理想的感情，并联系爱情来写政治，扩大了作品所反映的社会生活面。在《长生殿》中，杨贵妃是一个值得同情的悲剧人物。作者有意避开了她与安禄山的暧昧关系，突出了她对爱情专一的追求，对她在宫中希恩固宠、争风吃醋的所作所为从"情深妒亦真"的角度给予肯定。作者亦没有将安史之乱的根源全部归之于杨贵妃，在《弹词》一出中，借剧中人之口说出了自己的观点："休只埋怨贵妃娘娘，当日只为误任边将，委政权奸，以致庙谟颠倒，四海动摇"。对唐明皇，作者既批判了他寄情声色，"弛了朝纲，占了情场"的昏愦，又认为他是帝王家少有的钟情者，因此把误国之罪归诸于杨国忠等人。对李、杨之间的爱情，洪升在寄予同情和赞美的同时，谴责了他们的骄奢淫逸给百姓造成的灾难。戏中还揭露了杨国忠专权祸国，安禄山兴兵作乱等封建统治阶级内部的矛盾和民族矛盾；并通过郭子仪抗敌、雷海青斥叛等情节歌颂了忠臣义士的爱国之心。洪升生活于民族矛盾比较尖锐的清初，距明亡不久，他在政治上失意，对现实不满，于是通过爱情故事反映一代兴亡，以"垂戒来世"。作品表现了进步的思想倾向，这是《长生殿》较前人作品更为深刻之处。

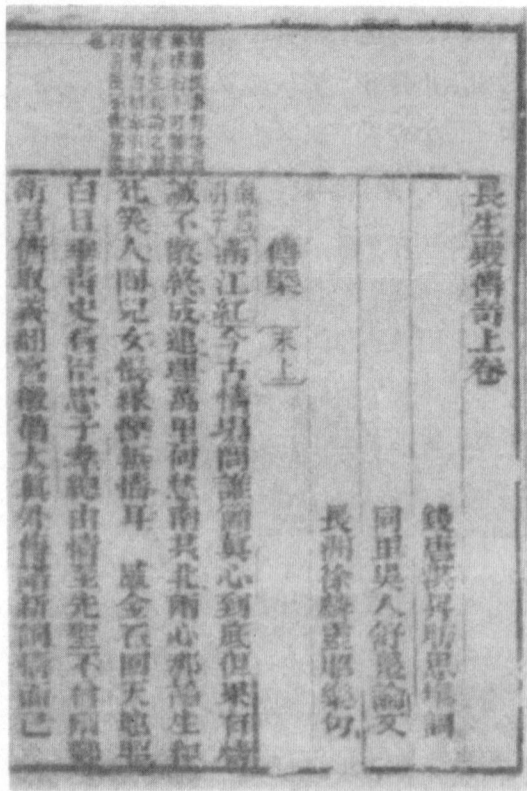

清康熙刻本《长生殿》

《长生殿》的艺术成就是多方面的。洪升将笔墨集中在李、杨情缘与安史之乱这两条主线上，次要人物和次要事件往往一笔带过，同时将情节高度概括浓缩，运用侧笔、暗示、伏线等，将整部戏组织得有条不紊，层次分明，结构布局颇见匠心。《长生殿》的艺术特色还表现在浓厚的抒情色彩上。作者写安史乱后人民流离转徙，通过李龟年弹词，抒发了历史兴亡之感——"唱不尽兴亡变幻，弹不尽悲伤感叹，……凄凉满眼对江山……"在作品的后半部，作者对李、杨爱情加强了浪漫主义描写，更以抒情见长。《闻铃》一曲抒写了唐明皇触景生情对杨贵妃的怀念；杨贵妃成仙后仍念念不忘前情，对织女倾诉："位纵在神仙列，梦不离唐宫阙。千回万转情难灭"，天上人间的相思笼罩在感伤的气氛中。李、杨二人最后的月宫团圆，是洪升心目中至情的理想化结局，充满了浪漫主义色彩。他在叙述《长生殿》创作缘起时曾说："今古情场，问谁个真心到底？但果有精诚不散，终成连理……看臣忠子孝，总由情至。"洪升将李、杨爱情与"臣忠子孝"的道德情感等同起来，引导人们从生离死别的爱情悲剧中生发出浩漫的历史兴亡之感。《长生殿》的曲词清丽优美，充满诗意，讲究韵律，是"台上之曲"和"案头之曲"相结合的杰作。此外，《长生殿》局面壮丽，精美谨严，人物"无懈可击"，特别适合舞台演出，因此 300 年来一直盛演不衰。

　　《长生殿》在继承明代传奇创作中现实主义传统的基础上，部分吸收了《牡丹亭》等戏曲的浪漫主义手法，在思想上和艺术上都达到了清代戏曲创作的最高水平。要与当时孔尚任创作的《桃花扇》堪称中国古典戏曲的双璧，在文学史上有重要地位。

鲁迅发表《狂人日记》

　　1918 年，鲁迅发表小说《狂人日记》，吹响了讨伐封建社会的第一声号角。

　　鲁迅（1881 年—1936 年）原姓周，名樟寿，字豫山，后改名树人，字豫才。浙江绍兴人。现代伟大的文学家、思想家。"鲁迅"是他在《新青年》上发表小说《狂人日记》时开始使用的笔名。他出生在一个逐渐没落的封建士大夫家庭，从小受过传统的诗书经传教育。但他有广泛的阅读兴趣，涉猎过许多野史、杂记和小说，特别是那些富有爱国精神和民主思想的著作，这有助于他后来对历史形成比较全面的看法；对绣像、图谱等民间艺术和民间传说，他也深切爱好。由于外婆家在乡下，鲁迅有机会接触农村生活，了解了广大贫苦农民的生活和精神状况，并同他们建立了思想感情上的联系。鲁迅 13 岁那年，祖父因科场案下狱，后父亲又卧病 3 年死去。家道式微使身为长子的鲁迅备受亲邻的冷眼，他在困顿中"看见世人的真面目"，对社会的世态炎凉感受颇深，从而憎恶自己出身的阶级和冷酷的旧社会。这些经历深刻地影响了他以后的思想发展和文学创作。

鲁迅（1881 年—1936 年），原名周树人，1919 年起以笔名"鲁迅"发表文章。图为鲁迅1902 年到日本留学后，剪去长辫拍的"断发照"。

　　1898 年，鲁迅到南京求学，开始接触西方的社会科学、自然科学和文

学，其中对他影响最大的是严复译述的赫胥黎的《天演论》。他由此接受了进化论思想，并在后来很长的时间内以此作为观察社会的思想武器。1902 年，鲁迅赴日本留学。在东京他经常参加留学生的反清集会，并写下了"我以我血荐轩辕"的诗句表明以身许国的志向。鉴于"日本维新是大半发端于西方医学"，他立志学医，希望以新的医学来"促进国人对于维新的信仰"，并能救治像他父亲那样的疾病。但后来他觉悟到对于愚弱的国民，首要的还在于改变他们的精神。他认为文艺是改变精神的利器，故弃医从文。1906 年鲁迅退学到东京，一方面从事译书、撰稿等文学活动，一方面投身于资产阶级民主革命运动，参加了章太炎等创立的反清革命组织光复会。这时鲁迅的反帝反封建的民主主义思想开始形成。

1909 年鲁迅回国，辛亥革命爆发后他以兴奋的心情迎接和支持它。南京临时政府成立后，鲁迅应邀到教育部任职，后随政府迁往北京。但辛亥革命未能完成反帝反封建的历史任务，篡国复辟的风潮迭起，鲁迅深感失望和苦闷，于是沉默了一个时期，埋头于整理古籍、抄录金石碑帖。

1917 年俄国十月革命胜利后，鲁迅看到了"新世纪的曙光"，他以新的姿态投身于革命。1918 年，鲁迅参加了《新青年》的编辑工作；同年 5 月，他在该刊发表了他的第一篇白话小说《狂人日记》。小说通过一个患迫害狂的精神病人的心理活动和精神状态，把对社会生活的具体描写和对狂人特有的内心感受的刻划结合在一起，以此来暴露封建"家族制度和礼教的弊害"，抨击辗转因袭的"精神文明"的冷酷和虚伪，指出封建社会的历史是人吃人的历史。小说以狂人为主角是一个精心而独到的安排，鲁迅以他早年所学的医学知识，本着严格的现实主义态度，通过"迫害狂"患者对环境的感受和他在精神错乱时发出的谵语，巧妙地揭示了普遍存在于精神领域内的"人吃人"的实质。作者借狂人之口，拆穿了旧中国历史的真相："我翻开历史一查，这历史没有年代，歪歪斜斜的每页上都写着'仁义道德'几个字。我横竖睡不着，仔细看了半夜，才从字缝里看出字来，满本都写着两个字是'吃人'。"这是对封建社会历史现象的惊心动魄的概括，具有巨大的批判力量。小说的艺术构思也是新颖的。鲁迅在中国首创了日记体小说，并吸收了象征主义的手法，让狂人于胡言乱语中道破历史的真相，亦真亦幻，以虚证实，令读者耳目一新。

《狂人日记》亦是现代文学史上第一部白话小说，它以"表现的深切和格式的特别"产生了广泛而深远的影响，堪称向封建社会讨伐的第一声号角，在文学史上有划时代的意义。它是鲁迅沉寂多年后的第一声呐喊，由此他开始了新的文学战斗历程。

郭沫若创作《屈原》等历史剧

40年代初，金山饰演的屈原剧照（《屈原》中张瑞芳饰婵娟）。

重庆上演《屈原》的海报。

郭沫若在诗歌创作之外所取得的重要文学成就，当推历史剧的创作。他在抗战时期写的《屈原》等历史剧，形成了他文学道路上继《女神》之后出现的第二个高峰。

在1941年冬到1943年春一年多的时间里，郭沫若连续创作了6部历史剧，不仅数量多，而且思想艺术水平也达到了他戏剧创作的顶峰。《屈原》一剧是这些历史剧的代表作。40年代初期，郭沫若生活在国民党统治区的重庆，目睹了"不少的大大小小的时代悲剧"，于是在1942年1月创作了《屈原》一剧，意

在"借了屈原的时代来象征我们当前的时代","把这时代的愤怒复活在屈原的时代里"。该剧通过描写伟大爱国诗人屈原生活中极度紧张、激烈的一天,反映了在对秦外交问题上两种路线的斗争,歌颂了屈原坚持正义、不畏强权的爱国思想和斗争精神,从多方面影射了当时的现实。剧本成功地塑造了屈原作为伟大的政治家兼诗人的典型形象。深切的爱国爱民思想和大无畏的斗争精神是屈原最主要的性格特征。这些性格特征通过他忧国忧民、坚持合纵抗秦的正确路线和不畏奸党的侮辱陷害等一系列言行反映出来。最后一幕中的"雷电颂",将屈原的爱国深情和反抗性格表现得淋漓尽致,使屈原的形象臻于完美。此外,剧本还通过屈原的《橘颂》,赞美桔子美好的质地,象征了屈原崇高的人格和优秀品质。《屈原》在艺术上也集中体现了郭沫若历史剧豪放、热烈和浓厚的浪漫主义风格,洋溢着诗一般的激情;人物形象融入了作者的主观性和想象力,个性

抗战期间,上海戏剧界和电影界主要演员百余人,在蓬莱大戏院联合演出《保卫卢沟桥》。

国民政府军事委员会政治部第3厅广泛团结和组织文化界人士开展抗日活动。这是政治部副部长周恩来、第3厅厅长郭沫若等与第3厅工作人员、文化界人士在八路军驻武汉办事处合影。前排左起:周恩来(4)、郭沫若(5)、阳翰笙(10)、洪琛(11)。

中国青年救亡协会无锡青年抗敌工作团在街头演出抗日活报剧。

鲜明；剧中语言富予诗的抒情意味。在郭沫若笔下，史与戏、戏与诗和谐统一，有巨大的艺术感染力。《屈原》的艺术结构也很紧凑巧妙，通过屈原生活中的一天，集中表现了多方面的矛盾斗争，折射出屈原的一生，具有高度的艺术概括力。《屈原》于"皖南事变"后公演，在号召人民争取自由民主、反对倒退分裂方面引起了巨大反响，在当时具有深刻的现实意义。它不仅是这一时期历史剧的量辉煌的代表作，而且是现代文学史上不可多得的艺术瑰宝。

在《屈原》之前，郭沫若重新加工了几经改动的《棠棣之花》，突出了"主张集合反对分裂的主题"；继《屈原》之后，1942 年 2 月，郭沫若创作了与《屈原》题旨相近的《虎符》；1942 年 6 月，郭沫若根据《史记·刺客列传》中高渐离以筑击秦始皇的故事，写成了历史剧《高渐离》；1942 年 9 月，表现元代大理总管段功与梁王女儿阿盖的爱情悲剧的《孔雀胆》完成；1943 年 3 月，郭沫若又以明末青年爱国诗人夏完淳慷慨殉国的事迹为题材创作了《南冠草》。这些历史剧都以新的观点来反映历史的真实，具有鲜明的倾向性和时代性。